역사의 쓸모

자유롭고 떳떳한 삶을 위한 22가지 통찰

역사의 쓸모

최태성 지음

다산
초당

삶이라는 문제에
역사보다 완벽한 해설서는 없다

요즘 영화나 드라마에는 시간 여행을 할 수 있는 특별한 능력을 가진 인물이 심심치 않게 등장합니다. 과거로도 갈 수 있고, 미래의 일도 알 수 있기 때문에 대부분 현명한 사람으로 그려지죠. 어떤 주인공은 몇 번이고 과거로 돌아가서 자신이 저질렀던 실수를 만회하기도 합니다. 극적인 설정이라는 것을 알면서도 어떤 결과를 불러올지 모르고 한 선택을 바로잡을 수 있다는 점이 무척 부럽더군요. 제게도 저런 능력이 있다면, 한발 양보해서 앞으로 어떤 일이 벌어질지라도 알 수 있다면 삶이 조금은 덜 어렵지 않을까 하는 생각이 들었습니다.

어느덧 검은 머리보다 흰머리가 더 많은 나이가 되었지만 저 역시 '어떻게 살아야 하는가'를 여전히 고민합니다. 하나의 생각이 사회 전체를 지배했던 과거와 달리 지금은 다양한 생각이 공존하고 있습니다. 예전에는 맞았던 것이 지금은 틀리고, 내게 옳은 것이 누군가에게는 틀린 것이 될 수도 있죠.

그래서 가끔은 무엇을 긍정하고, 무엇을 부정해야 하는지 혼란스러울 때가 있더군요. 삶의 방향을 정하고 저만의 가치관을 찾는 일에 더욱 매달리는 것은 이 때문인 것 같습니다.

영화 속 주인공이 삶을 바로잡고 싶을 때마다 시간을 되돌렸다면, 그런 특별한 능력이 없는 저는 역사 속으로 시간 여행을 떠났습니다. 놀랍게도 100년 전, 1000년 전에 살았던 사람도 저와 같은 고민을 하고 비슷한 위기를 겪고, 또 극복해내더군요. 역사는 제게 가야 할 방향을 알려주는 나침반이 되어주고, 지친 마음을 위로하는 친구가 되어주었습니다. 그들이 어떤 선택을 하고 어떤 길을 걸었는지, 또 그들의 선택이 역사에 어떤 의미로 남았는지를 생각해보면 비로소 제가 어떤 결정을 내려야 하는지 알 수 있었습니다. 역사를 공부하면서 만난 수많은 인물의 이야기가 제 인생에 더할 나위 없는 재산이 된 셈이죠. 길을 잃고 방황할 때마다 제가 역사에 몸을 기댔던 이유입니다.

어떤 사람은 역사가 단순히 사실의 기록이라고 말하지만, 저는 오히려 그것은 착각이고 역사는 사람을 만나는 인문학이라고 강조합니다. 역사는 나보다 앞서 살았던 사람들의 삶을 들여다보면서 나는 어떻게 살 것인지를 고민하고 실천할 수 있도록 도와주는 존재예요. 역사를 공부했음에도 살아가는 데 어떠한 영감도 받지 못했다면 역사를 제대로 공부했다고 하기 어려울 것입니다.

　제가 모든 수업의 1강을 '역사는 왜 배우는가'에 할애하는 것도 이와 같은 이유 때문입니다. 시험을 앞두고 수업을 듣는 학생들에게는 역사적 사실을 빨리, 많이 외우는 일이 가장 중요하죠. 그런데 문제는 시험이 끝나면 열심히 암기했던 사실들이 신기루처럼 사라져버린다는 것입니다. 그래서 가끔 역사 공부의 허망함을 토로하는 친구들이 있어요. 그러면 저는 다 잊어도 괜찮다고, 다만 역사를 배우면서 느꼈던 감정만 잊지 않으면 된다고 말합니다.

　예를 들어 일제강점기에 우리나라를 일본에 넘긴 을사오적을 공부할 때 다들 엄청나게 분노해요. 그러면 저는 그 기분을 절대 잊지 말라고 당부합니다. 그 기분을 기억해두었다가 사회에 나가서 선택을 하거나 책임을 져야 할 때 떠올리라고 말하죠. 역사 앞에서 어떤 선택을 해야 하는지 일깨워줄 것이기 때문입니다. 당장의 상황을 모면하려다가 삶을 망가뜨리는 사람이 얼마나 많은가요. 역사를 공부하며 어떤 삶을 살고 싶은가에 대한 실마리를 찾을 수 있다면 더 바랄 것이 없어요. '선생님 강의 듣고 시험에 합격했습니다!'라는 후기만큼이나 '선생님 강의를 듣기 전과 후의 삶의 모습이 달라졌어요'라는 글이 반가운 까닭입니다.

  군이 시간을 되돌리지 않더라도 우리는 역사를 통해 무수히 많은 선택과 그 결과를 확인할 수 있어요. 세상에 이보다 더 쓸모 있는 학문이 있을까요? 제가 이 책에 '역사의 쓸모'라는 제목을 붙인 까닭이 바로 여기에 있습니다.

  역사의 실용적인 측면만 너무 강조하는 것 같아 조금은 조심스럽기도 합니다만 역사 연구를 업으로 삼지 않은 일반인에게 역사를 학문적인 관점으로 대하라고 요구할 수는 없는 것 같아요. 역사의 '쓸모'보다 역사의 '실체'를 강조하는 접근은 역사로부터 대중을 멀어지게 할 뿐입니다. 흘러간 가요의 제목처럼 가까이하기엔 너무 먼 당신이 되는 거죠.

  역사를 연구하는 일은 역사학자에게 맡기고 저는 학자들이 잠을 줄여가며 연구한 소중한 역사 속의 '사람'에게 집중하려 합니다. 대중 강연에서 인물 이야기를 주로 하는 것도 저에게 감동을 선사해준 그들의 삶을 더 많은 사람이 알았으면 하는 마음에서입니다. 이 책에서도 우리의 가슴을 뜨겁게 만들고 삶의 방향을 바로잡게 하는 인물을 여럿 다루었어요. 그들과 만나면서 재미와 감동이 있는 그들의 삶을 내 삶에 어떻게 적용할까 고민해보는 시간을 갖기를 권합니다. 역사 속 인물들에게 '왜'라고 묻고, 가슴으로 대화해보세요. 제가 그랬던 것처럼 여러분도 고민에 대한 답을 찾을 수 있을 것입니다.

역사 속 인물과 대화한다는 것이 낯설게 느껴질 수도 있어요. 그래서 제가 존경하는 두 인물을 소개하려 합니다. 이육사 선생과 이순신 장군입니다.

이육사는 시인이지만, 일제강점기에 무려 17번이나 감옥에 갇힌 열혈 독립운동가이기도 합니다. 자신의 수인번호 264를 필명으로 삼았죠. 무장 독립운동단체인 의열단의 단원으로 조국 해방을 위해 자신의 청춘을 온전히 바친 분입니다. 솔직히 말하면 저는 그렇게까지는 못할 것 같다는 생각이 들어요. 17번이라니요! 건강한 편도 아니었다는 이육사가 어떻게 그런 가혹한 시간을 버텨냈는지 의아할 정도입니다. 그런데 이육사 선생은 「꽃」이라는 시에서 이렇게 노래합니다.

동방은 하늘도 다 끝나고

비 한 방울 내리잖는 그때에도

오히려 꽃은 빨갛게 피지 않는가

이순신 장군은 따로 설명이 필요 없을 정도로 온 국민이 좋아하는 인물입니다. 몇 년 전 영화로도 다루어졌던 명량대첩을 이끈 주인공이기도 하고요. 백의종군 이후로 조선 수군을 재건하려고 동분서주하던 이순신은 당시 임금이었던 선조의 명령을 받았습니다. 수군을 해산할 테니 육군에 합류하라는 내용이었죠. 이순신이 파직당한 사이에 조선 해군이 일본에 참패하면서 배가 달랑 12척밖에 없었기 때문입니다. 이때 이 순신이 선조에게 올린 장계에 바로 그 유명한 말이 나옵니다.

今臣戰船尙有十二
出死力拒戰則猶可爲也
신에게는 아직 12척의 배가 있사옵니다.
죽을힘을 다해 싸운다면 오히려 해볼 만합니다.

두 사람이 공통적으로 사용한 단어가 있습니다. 바로 '오히 려'입니다. 이육사는 일제강점기라는 극한의 환경에서도 '오 히려' 꽃은 빨갛게 피어나지 않느냐고 되물었습니다. 이순신 은 누구나 싸움을 포기했을 상황에서 '오히려' 해볼 만하다며 의지를 다졌습니다. 얼마나 감동적인가요? 제 인생에 '오히 려'라는 말이 이토록 울림 있게 다가온 적은 없었습니다. 이육 사와 이순신을 만나면서 이 말이 제 삶을 지탱해줄 수 있음을 깨닫게 되었습니다.

지금도 이 말은 제게 마법의 주문과도 같습니다. 위기의 상황에서도 '오히려'라는 무한 긍정의 낱말을 떠올리며 힘을 얻곤 하거든요.

역사는 삶의 해설서와 같습니다. 문제집을 풀다가 도저히 풀리지 않는 문제가 있으면 우리는 해설을 찾아봅니다. 해설서를 보면 문제를 붙잡고 끙끙댈 때는 전혀 보이지 않았던 해결의 실마리를 순식간에 발견할 수 있지요.

인생을 사는 동안 우리는 늘 선택의 기로에 놓입니다. 선택이 어떤 결과를 불러올지 알 수 없기에 그때마다 막막하고 불안하지요. 하지만 우리보다 앞서 살아간 역사 속 인물들은 이미 그런 경험을 했습니다. 그 수많은 사람의 선택을 들여다보면 어떤 길이 나의 삶을 더욱 의미 있게 할 것인지 예측할 수 있습니다.

내가 가야 할 길을 보여주는 역사. 다른 사람과의 관계 안에서, 그리고 '우리'라는 공동체 안에서 어떻게 행동해야 할지 알려주는 역사. 그래서 궁극적으로 한 번뿐인 인생을 어떻게 살아갈 것인지 끊임없이 자문하게 하는 역사. 과거를 통해 미래를 본다는 말은 결코 거짓이나 과장이 아닙니다.

이 책을 펼친 독자 여러분도 역사의 쓸모를 발견하고 역사의 도움을 받으며 자신이 원하는 삶을 살아가길 진심으로 바랍니다.

역사는 무엇보다 사람을 만나는 인문학입니다.

수천 년 동안의 사람 이야기가 역사 속에 녹아 있어요.

그중에 가슴 뛰는 삶을 살았던 사람을 만나

그들의 고민, 선택, 행동의 의미를 짚다 보면

아무리 힘들어도 자신의 삶을

뚜벅뚜벅 걸어가는 법을 배우게 됩니다.

그게 바로 역사의 힘입니다.

[1장]

쓸데없어 보이는 것의 쓸모

숨겨진 보물을 찾아
떠나는 탐험

　태어나서 처음으로 어떤 지식을 습득한 경험을 기억하시나요? 걷는 법이나 말하는 법처럼 몸으로 배우는 일 말고 머리를 써야 하는 일 말입니다. 저를 포함해서 아마 대다수가 학교에서 수업을 받은 일을 떠올릴 겁니다. 그러면 자연스레 시험이 떠오르죠. 아무래도 우리는 시험을 잘 보려고 공부했지, 정말 재미있어서 공부한 경험은 별로 없는 것 같아요.

　역사도 마찬가지입니다. 실생활에 퍽 도움이 될 것 같지 않은데 시험은 봐야 하고, 공부할 분량도 외워야 할 것도 많으니 미움을 받기 십상입니다. 수학 공식을 외우듯 '태정태세문단세', '임오군란은 1882년' 하면서 달달 외우다 보니 지겹기만 하고요. 학생들에게 이런 질문도 자주 받습니다. "선생님, 왜 이런 것까지 배워야 하는 거예요?" 수백, 수천 년 전 일을 알아서 뭐 하냐는 겁니다. 한마디로 쓸데없다는 것이지요. 시험만 끝나면 별로 쓸모가 없을 것 같대요. 공부하기 힘들어서 한 말이겠지만, 아마 학생들만 이런 생각을 하는 건 아닐 것입니다.

요즘처럼 경쟁과 효율을 강조하는 시대에 '쓸데없다'는 말은 치명적인 단점일 수밖에 없습니다. 지식이든 물건이든 쓸모가 많아야 환영받거든요. 쓸모 있는 것을 남보다 얼마나 더 많이 가졌는가로 성공을 가늠하는 세상입니다. 돈 버는 데 도움이 안 되는 것들은 죄다 쓸데없는 것이 되어버려요. 그런 데에 관심을 가지면 "쓸데없는 짓 하지 마!" 하고 핀잔을 듣기 일쑤지요.

그런데 우리 역사 속에 이 '쓸데없다'는 것만 찾아 모은 분이 계세요. 바로 『삼국유사』를 쓴 일연 스님입니다. '유遺'라는 한자에는 '버리다, 유기하다'라는 뜻이 있어요. '유사遺事'라는 건 말 그대로 '버려진 것들을 모은 역사'입니다. 버려졌다는 말은 곧 이미 무언가를 취했다는 뜻이겠지요. 그렇다면 선택된 것은 무엇이냐? 바로 『삼국사기』입니다.

『삼국사기』는 고려시대 유학자 김부식이 인종의 명을 받아 편찬한 삼국시대 역사서입니다. 어느 연도에 무슨 일이 일어났고 어떤 인물이 있었는지를 쭉 정리한 책이지요. 나라가 주도하여 편찬한 정사正史이기 때문에 신비하고 기이한 일을 전하는 야사野史는 취급하지 않았습니다. 사실 확인, 즉 팩트 체크가 된 사건만 담은 겁니다. 심지어 단군 이야기도 언급하지 않아요. 김부식은 유학자였기 때문에 그런 이야기가 용납되지 않았던 거예요. '곰이 사람으로 변해서 결혼을 하고 단군을 낳는다고? 말도 안 돼!' 그러고선 그냥 지워버렸을 테지요.

그렇게 버려진 이야기가 『삼국유사』에 실렸습니다. 고려 후기에 살았던 일연 스님이 쓰레기통에 처박혀 꼬깃꼬깃해진, 한마디로 '쓸데없는' 이야기들을 꺼내 하나하나 펴서 기록한 것입니다. 일연 스님은 이 책을 쓰기 위해 청년 시절부터 사료를 모았다고 합니다. 단군신화를 비롯해서 전설, 민담 등 정식 역사로 인정받지 못한 이야기들을 모은 거예요. 그걸 다시 다듬고 정리해서 썼습니다. 그래서 참 재미있어요. 재미도 없는 이야기가 사람들 사이에 회자되고 대대손손 전해질 리는 없으니까요.

단순히 비교하자면 정사로 인정받기 어려운 신화나 설화를 모았다는 점에서 서양의 '그리스·로마 신화'와 닮았어요. 그런데 그 관심의 정도는 꽤 큰 차이를 보입니다. 우리나라 역사임에도 사람들은 그리스·로마 신화보다 『삼국유사』의 이야기를 더 낯설어합니다. 그리스·로마 신화는 교양을 넘어 상식으로 통용될 정도인데 말이죠. 하는 일마다 성공하는 사람을 가리켜 '미다스의 손'이라고 하잖아요? 이 말도 그리스·로마 신화에서 나온 것으로, 어떤 물건이든 손만 대면 황금으로 변하게 만드는 미다스 왕에서 유래한 것입니다.

한데 이 미다스 왕이 비단 황금 손으로만 유명한 게 아니에요. 아주 긴 귀로도 유명했습니다. 당나귀 귀라고 하죠? 미다스 왕은 당나귀 귀를 왕관 속에 감추고 지냈어요. 하지만 숨길 수 없는 한 사람이 있었으니 바로 이발사였습니다. 머리를 자를 때는 왕관을 벗어야 했으니까요. 미다스 왕은 이발사에게 비밀을 지킬 것을 신신당부합니다. 이발사는 자기 목숨이 왔다 갔다 하니까 비밀을 얘기하고 다닐 수도 없고, 그렇다고 혼자만 끌어안고 있기에는 너무나도 답답해 이러지도 저러지도 못하고 끙끙 앓습니다. 그러다 갈대숲으로 갑니다. 그곳에 구덩이를 파고 그 안에다 외치지요. "임금님 귀는 당나귀 귀!" 얼마나 속이 시원했을까요? 제가 다 후련합니다. 그런데 예상치 못한 일이 벌어졌습니다. 갈대숲에 바람이 불 때마다 '임금님 귀는 당나귀 귀' 소리가 바람결을 타고 퍼져, 결국 그 소문이 미다스 왕이 사는 궁전에까지 흘러들어 가고 맙니다.

그런데 신기하게도 『삼국유사』에 똑같은 이야기가 나옵니다. 다만 당나귀 귀를 가진 사람이 신라의 경문왕이지요. 경문왕은 왕관이 아닌 두건으로 귀를 가립니다. 두건을 만드는 기술자가 그 비밀을 알게 되고, 그 역시 대나무 숲에 가서 소리를 칩니다. 바람이 불 때마다 그 소리가 새어 나와 경문왕의 비밀이 경주 도성에 쫙 퍼진다는 결말까지, 정말 소름이 돋을 만큼 똑같습니다.

저는 『삼국유사』에도 그리스 신화, 로마 신화처럼 흥미진진한 이야기가 정말 많다는 점을 강조하고 싶어요. 우리가 시험을 위한 공부로 『삼국유사』를 접했기 때문에 몰랐을 뿐이죠. 김부식의 『삼국사기』와 일연 스님의 『삼국유사』를 비교하며 차이점을 표로 그리면서 외우느라 정작 그 이야기에는 소홀했던 겁니다. 기전체의 관찬 사서, 기사본말체의 사찬 사서 등 형식적인 내용을 공부하느라 이야기 자체의 재미를 놓친 것이죠.

『삼국유사』가 그리스나 로마의 신화라면, 혹은 안데르센의 동화라면 어땠을까요. 교과서나 시험에 나오는 이야기가 아니라 만화책으로 혹은 애니메이션으로 접했다면 그 이야기와 등장인물을 좀 더 매력적이고 낭만적으로 느낄 수 있지 않을까요?

덴마크의 한 공원에는 인어공주가 돌 위에 앉아서 처연한 표정으로 바다를 바라보는 유명한 동상이 있습니다. 어린 시절 안데르센 동화를 좋아했던 사람이라면 한 번쯤 실제로 보고 싶다는 생각이 들 거예요. 또 핀란드에는 '무민'이라는 국민 캐릭터가 있습니다. 무민은 동물이 아니라 북유럽 설화에 등장하는 괴물 트롤이에요. 사실 우리나라 설화에도 인어공주에 비견할 만한 해녀 '아리'가 있고, 한국판 트롤이라고 할 수 있는 도깨비가 있습니다. 다만 그에 대한 인식이 좀 다를 뿐이지요.

저는 일연 스님이 안데르센과 같은 역할을 했다고 생각해요. 그야말로 우리나라 최고의 이야기꾼이거든요. 그런데 일연 스님을 바라보는 우리의 시선은 지나치게 고정적입니다. 어쩌면 『삼국유사』의 콘텐츠가 충분히 활용되지 않은 탓이기도 합니다. 사극영화를 보면서 많은 사람이 우리 역사에 관심을 갖게 되고, 널리 알려지지 않았던 인물의 이야기나 전통 의복의 아름다움을 재발견하듯이 『삼국유사』에 실린 이야기도 다양한 형태로 접할 수 있다면 더 친근하게 느껴질 것입니다.

이 부분은 우리의 숙제기도 합니다.

◇ ◆ ❖

　요즘 역사 콘텐츠를 가장 잘 활용하는 곳은 각 지역 지자체가 아닐까 합니다. '우리 지역을 대표할 정체성으로 무엇을 내세울 수 있을까?' 많은 지자체가 이 부분을 고민합니다. 그래서 자꾸 역사를 캐요. 그 대표적인 사례가 연오랑과 세오녀 설화를 주제로 관광시설을 만든 포항시입니다.

　『삼국유사』에 등장하는 연오랑과 세오녀는 신라시대 동해 바닷가에 살았던 부부입니다. 어느 날 연오랑이 바닷가에서 해초를 따다가 한 바위에 올라갔는데, 갑자기 그 바위가 움직이더니 바다를 건너 일본 땅까지 갑니다. 거기에서 그는 왕이 되었지요. 그 지역 사람들이 연오랑을 보고 특별한 사람이라면서 왕으로 앉힌 거예요. 그럴 만도 한 게, 바위를 타고 바닷물을 가르면서 나타났으니까요. 거의 바다의 신 수준 아니겠어요?

　그런데 세오녀 입장에서는 남편이 사라진 거잖아요. 당연히 남편을 찾아 나섰겠지요. 그러다가 커다란 바위 옆에 있는 남편의 신발을 발견합니다. 세오녀가 바위에 올라갔더니 그 바위가 또 움직여서 연오랑이 있는 곳으로 갑니다. 그래서 세오녀도 그곳의 왕비가 되었어요.

그 후에 신라에서는 이상한 일이 벌어집니다. 난데없이 해와 달이 뜨지 않는 거예요. 그러자 점괘를 보는 관리가 이런 말을 합니다. "해와 달의 정기가 일본으로 갔기 때문입니다." 바로, 연오랑과 세오녀가 일본으로 갔기 때문에 그렇다는 것입니다. 그 말을 들은 왕이 두 사람을 다시 데려오기 위해 일본에 사신을 보냅니다. 하지만 돌아올 리가 없지요. 그곳에서는 왕이고 왕비잖아요. 대신 그들은 "왕비가 짠 비단을 줄 테니 그것으로 하늘에 제사를 지내라. 그러면 해결될 것이다"라고 말합니다. 그 제사를 지낸 곳이 현재 포항의 영일만입니다.

연오랑세오녀테마공원에 가보면 관련 전시관도 있는데요. 연오랑과 세오녀 설화를 애니메이션으로 보여주고, 설화의 역사적 배경에 관한 설명이라든지 관련 콘텐츠도 잘 전시되어 있습니다. 시설도 무척 좋고요. 전시관 1층에 있는 영상관 이름은 '일월영상관'이에요. 여기에도 다 의미가 있습니다. 해와 달에 관한 설화를 일월신화라고 하는데 '연오랑과 세오녀'가 우리나라에 전해지는 일월신화거든요.

먹고사는 문제를 해결하고 경제적 여유가 생기면 사람들은 여행을 갑니다. 그보다 더 여유가 생기면 어떨까요? 그냥 놀

고 즐기는 여행이 아니라 테마가 있는 여행을 갑니다. 해당 지역의 역사와 문화에 관심을 갖게 되는 거지요. 일본 같은 경우 진즉 이 단계에 들어섰습니다. '마츠리祭り'라는 지역 축제가 유명하고, 그중 일부는 세계적인 축제가 되었지요.

저도 나중에 기회가 되면 덕수궁 옆에서 대한제국 빵을 한 번 팔아보면 어떨까 하는 생각을 가지고 있어요. 덕수궁에 왔는데, 그 옆에서 특별한 의미를 담은 먹거리를 팔고 있다면 하나쯤 가져가고 싶은 마음이 들지 않겠어요? 일본이 이런 것을 기가 막히게 잘하더라고요. 우리나라 지역 축제들은 아직 과도기 상태라 여러 가지 면에서 비판을 받기도 하지만, 시간이 지날수록 자리를 잡을 것입니다. 이 흐름 자체를 거스를 수는 없으니까요.

덴마크의 미래학자 롤프 옌센Rolf Jensen은 이제 전 세계가 정보화사회를 넘어 꿈과 이야기 등의 감성 요소가 중요하게 부각되는 '드림 소사이어티dream society'로 나아갈 것이라고 주장했습니다. 기술의 발달로 오늘날 대부분의 상품은 일정 수준을 갖추어 각기 다른 상품이지만 기능적인 측면에서는 거의 차이가 없어요. 그렇다면 무엇으로 승부를 봐야 할까요? 바로 고유의 스토리입니다.

이 이론과 비슷한 맥락이라고 생각하면 됩니다. 국민 대부분이 먹을 게 없고 굶주릴 때는 나라에서도 역사나 문화에 관심을 가질 여력이 없습니다. 심지어 파괴되어도 개의치 않습니다. 우선은 개발이 중요하니까요. 그러다가 경제적으로 좀 나아지면 역사와 문화에 가치를 두게 되고, 그것을 보호해야한다는 인식이 생깁니다. 국가적으로도 그래요. 문화재를 관리하고 박물관을 세우는 일을 합니다. 정체성을 확립하고 자기만의 이야기를 만들어나가고 싶기 때문이죠. 당연히 이 작업에는 역사가 필요합니다. 따라서 일연 스님도 점점 더 주목을 받지 않을까 하는 생각이 들어요.

역사의 실용성을 말할 때 『삼국유사』를 빼놓을 수 없는 이유가 여기에 있습니다. 쓸데없다고 버려진 이야기들이 사실은 참 '쓸 데 있음'을 증명하는 경우가 많기 때문입니다. 『삼국유사』는 지금까지도 명맥을 유지하며 지역 문화 개발은 물론 국가 외교에도 활용되고 있어요. 계속해서 발굴되고, 쓰이고 있습니다.

김부식은 쓸데없는 요상한 이야기라고 빼버린 단군신화를 일연스님이 『삼국유사』에 실은 덕분에 일제강점기에 단군을 모시는 대종교가 창시되어 신자들이 독립운동에서 주도적인 역할을 할 수 있었습니다. 원나라 간섭기에 민족의 뿌리가 흔들리지 않기를 바랐던 일연 스님의 간절한 마음이 담긴 이야기가 우리 민족의 정체성을 형성한 것은 물론, 괴로운 시대를 버틸 수 있는 힘과 에너지를 준 것이죠. 김부식은 쓸모없다고 버렸지만, 사실은 가치가 없던 것이 아니라 가치를 못 알아봤던 것입니다.

우리는 참 재미없게 역사를 배웠습니다. '어떻게 역사를 공부할 것인가'가 아니라 '어떻게 좋은 점수를 받을 것인가'에 집중했죠. 그래서 연도별로 일어난 사건을 외우고, 그 사건을 일으킨 사람을 외우고… 이런 식으로 공부를 해왔습니다. 그랬기 때문에 성인이 되어서 기억에 남는 것도 없고, 역사를 다시 공부하고 싶어도 어디서부터 시작해야 할지 감이 잡히지 않습니다.

저는 역사를 알리는 사람으로서 일연 스님과 같은 역할을 하고 싶어요. 일연 스님은 휴지 조각처럼 버려진 이야기들을 주워 잘 펴서 우리에게 남겨준 분이잖아요. 저도 사람들이 쓸데없다고 생각하는 역사, 잘 모르고 관심도 없는 역사를 재미있게 전하고 싶은 마음이 있습니다. 끊임없이 생명력을 불어넣고, 이 시대에 맞는 의미를 찾아내서 사람들에게 알려주는 것이지요. "짠! 이것 봐! 휴지 조각인 줄 알았는데 보물 지도지? 역사가 그런 거야!" 이렇게 보여주려 합니다.

이 시대에 왜 역사를 배워야 할까? 그게 무슨 쓸모가 있을까? 다시 첫 질문으로 돌아와 답을 합니다. 역사는 아득한 시간 동안 쌓인 무수한 사건과 인물의 기록입니다. 그야말로 무궁무진한 콘텐츠라고 할 수 있지요. 그 안에는 수많은 사람의 삶과 그 과정에서 형성된 문화의 흥망성쇠가 담겨 있습니다. 여러분이 어느 새로운 대상을 접하든, 어떤 일을 벌이든 역사에서 그 단초를 찾을 수 없는 것은 거의 없어요. 음식도, 옷도, 우리 삶을 구성하는 주변의 모든 것이 역사 속에서 함께 발전해온 것이니까요.

역사를 골치 아픈 암기 과목이 아니라 흥미진진한 이야기로 바라볼 수 있게 된다면 역사의 품으로 첫발을 디딘 것이나 다름없습니다. 이제 보물이 가득 쌓여 있는 그 지도를 신나게 펼쳐보기만 하면 됩니다.

기록이 아닌
사람을 만나는 일

강연에 나가면 저는 먼저 청중에게 퀴즈를 냅니다. 본격적인 이야기에 앞서 웃으면서 함께 긴장을 풀어보는 시간을 갖는 것이죠. 제가 평소에 자주 내는 문제 중 하나를 여기서 소개할까 합니다.

요즘 고급 스포츠라고 하면 아마 골프를 떠올릴 겁니다. 고려시대 귀족들이 즐겨 하던 고급 스포츠는 매사냥이었어요. 매를 날려 보내면 이 매가 토끼나 꿩 같은 작은 짐승들을 탁

잡아채 오거든요. 저마다 자기 매를 가지고 모여서 내기를 하는 거죠. 귀족들에게 인기 만점인 스포츠였는데, 사냥용 매가 굉장히 비쌌어요. 야생에 있는 매를 그냥 날려 보낼 수는 없잖아요. 새끼일 때부터 훈련하며 길러야 합니다. 오랫동안 길을 들여야 하는 만큼 귀할 수밖에 없었죠. 그래서 매 주인은 자신의 매에 하얀 깃털을 매달아뒀습니다. 자기 이름을 써서 달아둔 거예요. 한마디로 이름표였던 거죠. 이걸 떼면 도둑질입니다. 이 이름표를 뭐라고 불렀을까요? 이게 제가 자주 내는 퀴즈입니다.

아는 분도 있을 거예요. 정답은 '시치미'입니다. 매가 비싸니까 어떤 사람들은 시치미를 떼어내고 마치 그 매가 자기 것인 양했습니다. 시치미를 떼고도 모르는 척했어요. 여기에서 시치미 떼지 말라는 말이 유래된 겁니다. 요즘도 많이 쓰는 말이죠.

이렇게 들으면 역사가 참 재미있어요. 옛날에도 사람 사는 모습은 비슷했구나 싶기도 하고요. 한국사에 조금만 관심을 가지면 현재 우리 일상에 역사의 흔적이 얼마나 많이 남아 있는지 알 수 있습니다.

역사는 연도나 사건, 사람 이름을 외워야 하는 학문이 아닙니다. 그렇게 하면 참 고통스럽죠. 재미없는 것은 당연하고요.

저는 접근법을 바꿔 과거 그 시대 사람들을 만나보기를 권합니다. 그 시대에 나랑 비슷한 나이의 사람들은 어떤 삶을 살았을까? 어떤 절망이 있고 어떤 희망이 있었을까? 한번 생각해보는 거예요. 과거의 인물에게 감정이입을 해보는 거죠.

앞서 이야기했듯 사람 사는 세상은 크게 다르지 않습니다. 고려의 천재라 불리는 『동국이상국집』의 이규보는 쉽게 말해 대입 사수생이었습니다. 너무 괴로운 나머지 자신의 이름까지 바꾸면서 도전하죠. 그때 만든 이름이 이규보입니다. 우리가 지금 취업이나 승진, 결혼, 자녀 교육, 노후 문제로 고민하듯이 그 시대 사람들에게도 고민이 있었습니다. 우리만큼 자신을 둘러싼 환경에 실망하고 좌절했을 거예요. 그리고 우리가 더 좋은 세상을 꿈꾸듯 그들에게도 변화를 갈망하는 마음이 있었을 거예요. 역사를 찬찬히 살펴보면요, 그 갈망의 힘으로 새로운 세상이 열립니다. 한 시대의 꿈이 이루어져서 다음 시대가 와요. 이걸 알게 되면 굉장히 설렙니다. 그렇다면 우리 시대의 꿈은 뭘까? 우리가 꿈꾸는 세상은 언제 오게 될까? 이런 생각이 들어요.

역사학자 E.H. 카의 유명한 말처럼 역사는 과거와 현재의 끊임없는 대화입니다. 그런데 우리는 역사를 공부하면서 미리 벽을 세워버려요. 역사 속 인물은 과거의 사람일 뿐이라고 생각하기 때문입니다. 그냥 이름을 외우고 업적을 외우는 게 끝이죠. 하지만 역사를 제대로 공부하면 과거와 이야기를 나눌 수 있게 됩니다.

길을 걸어 다니다 카페 유리창 너머로 이야기 나누는 사람들을 보면 그렇게 부러울 수가 없더라고요. 시간이 없어서 카페에 자주 가지는 못하지만 이야기꽃을 피우는 사람들을 바라보는 것만으로도 좋습니다. 과거의 인물들과 대화하는 것도 카페에 앉아 누군가와 조곤조곤 이야기하는 일과 크게 다르지 않습니다. 수다를 떨듯 역사에 말을 걸어보면 어떨까요? 검은 글자에 불과했던 이야기가 생명력을 얻고 재미와 의미를 전해줄 것입니다.

인물들과 이야기를 나누는 게 좀 낯설게 느껴질 테죠? 말하자면 1597년 원균의 칠천량해전 대패, 이순신의 명량해전 대승, 원균은 나쁜 놈, 이순신은 영웅, 이런 평면적인 시선으로 보지 말자는 것입니다. 당시 이순신의 능력이 너무 뛰어나서 일본은 이순신이 지키고 있는 바다에는 침투할 수가 없다는 판단을 내립니다. 그래서 이순신을 내쫓기 위해 조선 조정에 거짓 정보를 흘려요. 일본 선봉장 가토가 오고 있다는 정보였습니다. 조정에서는 이걸 고급 정보라고 믿고 이순신에게 나가서 가토를 잡아 오라고 명령합니다.

이순신은 싸워서 이기는 장수가 아니에요. 이겨놓고 싸우는 장수입니다. 빈틈없이 전략 전술을 세워놓고 백 퍼센트 확신이 들어야 움직이는 완벽주의자예요. 23전 23승을 할 수 있었던 이유가 여기에 있습니다. 그런데 조정에서 하라는 싸움은 답이 안 나오는 거예요. 이순신은 조정에서 입수했다는 정보가 거짓임을 눈치채고 움직이지 않습니다. 하지만 맞고 틀리고를 떠나 이순신은 군인이에요. 조정의 입장에서 보면 이순신의 행동은 명령 불복종이 되는 겁니다. 당연히 쫓겨나게 되죠.

이순신의 자리를 대신하는 사람이 원균입니다. 원균도 사실은 알고 있었어요. 이순신이 왜 그랬는지 말입니다. 일본의 정보가 거짓인 것도 알고 패배도 예감했어요. 심지어 처음에는 이순신처럼 좀 버티기도 했습니다. 하지만 결국 칠천량으로 갑니다. 군인이니까 명령을 받았으면 가야 한다고 생각했겠죠. 그리고 일본에 대패합니다. 그때까지 남아 있던 조선 수군이 완전히 궤멸해요.

원균을 옹호하는 이야기가 아닙니다. 다만 역사 속 인물의 선택에도 그 나름의 이유가 있다는 뜻이죠. 우리는 역사를 공부할 때 눈앞에 보이는 글자만 읽고 말아요. 죽어 있는 텍스트로 접합니다. 그러지 말고 역사 속에 들어가서 인물들과 만나

보면 좋겠어요. 그들에게 이런저런 질문을 던져보세요. 꿈이 뭐예요? 왜 그런 일을 했어요? 그 선택에 후회는 없나요? 꿈이 이뤄진 것 같나요? 이렇게 물어보고 답을 상상해보는 겁니다. 나라면 어땠을까 하고 내 삶에 대입시켜서 답해보는 거죠. 그러면 보이지 않던 것이 보이고, 얻지 못했던 것을 얻을 수 있습니다.

지금은 역사를 공부하기 참 좋은 세상입니다. 역사에 관한 재미있는 책과 만화, 드라마, 영화가 쏟아져 나오고 있어요. 특히 영상매체에서 역사 콘텐츠를 활발하게 활용하고 있습니다. 예전에는 다큐멘터리가 대부분이었거든요. 요즘처럼 다양한 매체로 역사를 접할 수 있는 게 참 복인 것 같아요.

책을 많이 안 읽는다고 하지만 소설 『칼의 노래』는 100만 부가 넘게 팔렸어요. 사람들은 그 소설을 통해 영웅 이순신이 아니라 인간 이순신을 만나는 기회를 갖게 되었습니다. 1700만 명의 관객을 모은 영화 〈명량〉도 이순신 장군의 인간적 고뇌에 초점을 맞췄죠.

최근에는 영화를 해설해달라는 요청을 많이 받습니다. 제

나름대로 열심히 해설을 하는데, 그런 콘텐츠를 많은 분이 좋아하시더라고요. 아무래도 역사적 배경을 알고 나면 콘텐츠를 더욱 풍요롭게 즐길 수 있기 때문이겠죠. '아는 만큼 보인다'는 말도 있잖아요.

역사 콘텐츠를 활용하는 범위도 굉장히 넓어졌습니다. 그냥 사극이 아니라 판타지 사극, 미스터리 사극으로 상상력이 뻗어나가고 있습니다. 배경은 조선시대인데 왕부터 시작해서 모든 인물이 허구인 경우도 있고요. 반대로 사실을 기반으로 하되 스토리의 재미를 위해 가상의 인물이나 사건을 끼워 넣은 경우도 있습니다. 팩션이라고 하죠.

일례로 2008년에 방영됐던 드라마 〈바람의 화원〉은 이정명 작가의 소설을 각색한 것입니다. 이 드라마에는 조선시대 화가 김홍도와 신윤복이 등장하는데, 그 외의 사건은 모두 허구예요. 신윤복이 여성이라는 설정도 실제와는 다르죠. 그래서 논란도 많았습니다. 왜곡된 역사 인식을 심어준다는 이유에서 말이죠. 걱정되는 부분이 없는 건 아닙니다. 미디어의 힘이라는 게 워낙 대단해서 특정 인물이나 사건에 대한 사람들의 생각을 순식간에 바꾸기도 하거든요.

하지만 한편으로는 장점도 큽니다. 그런 점이 궁금해서 진짜 역사는 어땠는지 찾아보고 관심을 갖게 되니까요. 공부라는 건 호기심이 있어야 시작할 수 있어요. 역사 드라마나 영화를 즐겨 보다가 역사에 빠진 분이 생각보다 많습니다.

이름 없는 의병들을 다룬 드라마 〈미스터 션샤인〉도 있었죠. 역사에 이름을 남긴 사람은 참 많아요. 하지만 이름도 남기지 못한 채 역사의 흐름에 몸을 던진 사람은 그보다 훨씬 더 많습니다. 〈미스터 션샤인〉은 그 아무개들의 이야기를 담은 드라마였어요. 이 드라마의 메인 포스터에는 이런 글이 적혀 있습니다.

저물어가는 조선에 그들이 있었다.
그들은 그저 아무개다.
그 아무개들 모두의 이름이,
의병이다.
원컨대 조선이 훗날까지 살아남아 유구히 흐른다면,
역사에 그 이름 한 줄이면 된다.

위인 중심으로 돌아가는 역사에서 아무개들의 역사는 놓치기 쉬워요. 〈미스터 션샤인〉에 등장하는 의병을 볼 때마다 저는 그런 생각을 해요. '나도 저 시대에 태어났다면 저 위치에 있을 수도 있겠구나.' 솔직히 광개토태왕, 이순신, 김구 같은 위인에게 나를 빗대기는 어렵더라고요. 그런데 그 주변 인물, 열심히 살아가지만 이름은 남기지 못한 사람들의 일생을 볼 때면 가슴이 더 찡합니다. 〈미스터 션샤인〉을 보면서 감동이 물밀듯 밀려온 이유도 마찬가지입니다. 저도 이 시대의 아무개일 테니까요.

역사 관련 드라마나 영화를 많은 사람이 즐기는 건 좋은 현상이에요. 특히 역사가 지루하다는 분들은 대중매체를 적극 활용하면 좋을 것 같아요. 즐기다 보면 자연스럽게 조금 더 알고 싶은 마음이 들 겁니다. 그때는 관심이 가는 인물의 평전을 읽어보기를 추천합니다. 평전에는 한 사람의 인생 전부가 담겨 있기 때문에 좀 더 생각할 거리가 많아요. 평전이 너무 부담스러우면 인물의 생애에 주목한 다큐멘터리도 좋고요. 어떤 식으로든 생애를 쫓다 보면 주인공의 인생에 나의 인생이 겹치면서 내 삶을 돌아보고 미래를 그려보게 되거든요.

제가 학교에서 교사로 일할 때 인터넷 강의도 하고, 방송에도 출연하니 여러 학원에서 스카우트 제의가 들어왔습니다. 한번은 한 학원에서 내민 계약서를 봤는데 정말 헉 소리가 나는 액수가 적혀 있었습니다. 일반 교사인 저는 상상조차 못 할 금액이었죠. 좋은 교사로 마무리하는 것이 제 인생 계획이었지만, 흔들리게 되더군요.

'학원으로 가는 게 나쁜 일도 아닌데 이 돈까지 받을 수 있다면 가야 하는 거 아닌가?' 하는 생각과 '아직 내가 학교에서 할 수 있는 일이 있는데 돈 때문에 옮기는 건 아니지 않을까?' 하는 생각이 계속 충돌했습니다. 일주일간 정말 많이 고민했어요. 얼마나 갈등이 심했는지 원형탈모증까지 생기더군요.

　이러지도 저러지도 못하고 있을 때, 저 역시 '사람'을 만났습니다. 독립운동가 이회영 선생의 일생을 다룬 다큐 프로그램을 본 거죠. 그 영상 말미에 이런 문구가 나오더군요.

　서른 살 청년 이회영이 물었다.
　"한 번의 젊은 나이를 어찌할 것인가"
　눈을 감는 순간 예순여섯 노인 이회영이 답했다.
　예순여섯의 '일생'으로 답했다.

　눈물이 펑펑 쏟아졌습니다. 중요한 선택을 앞두고 나보다 앞서 살았던 사람의 삶에서 좋은 영향과 자극을 받은 것이지요. 결국 저는 그 자리에서 계약서를 찢는 것으로 고민을 끝냈습니다.

　역사는 무엇보다 사람을 만나는 공부입니다. 고대부터 근현대까지의 긴 시간 안에 엄청나게 많은 삶의 이야기가 녹아 있어요. 그 이야기를 읽다 보면 절로 가슴이 뜁니다. 가슴 뛰는 삶을 살았던 사람을 만나고 그들의 고민과 선택과 행동에 깊이 감정을 이입했기 때문이죠. 그런 사람들을 계속 만나다 보면 좀 더 의미 있게 살기 위한 고민, 역사의 구경꾼으로 남지 않기 위한 고민을 할 수밖에 없지 않을까요? 아무리 힘든 세상에서도 자신의 삶을 뚜벅뚜벅 걸어가는 법을 배우게 될 테죠. 그게 바로 역사의 힘입니다. 사람을 만나는 일, 저는 여러분이 역사를 그렇게 대했으면 좋겠습니다.

새날을 꿈꾸게 만드는
실체 있는 희망

앞에서 역사는 사람을 만나는 일이라고 말씀드렸는데요, 그러면 많은 분이 제게 다시 질문을 던집니다. 어떤 사람을 만나야 하냐고요. 인물마다 가지고 있는 이야기가 다르기 때문에 우리에게 주는 메시지도 모두 다릅니다. 질문하는 사람의 상황에 따라 저의 대답 역시 달라지지만, 일반적으로 제가 가장 많이 하는 대답은 새날에 대한 '희망'을 품게 하는 인물들입니다.

이 시대에 희망은 빛바랜 단어 같아요. 오늘날 우리 사회가 무기력의 늪에 빠진 까닭도 여기에 있는 것이 아닐까 생각합니다. 희망이 보여야 힘을 내는데 도무지 그걸 찾기가 어렵거든요. 희망을 갖기에는 당장 닥친 현실이 팍팍하고, 실패하면 다시는 일어서지 못할 것 같은 불안감이 도처에 널려 있습니다. 젊은 세대는 노력의 가치를 부정하고, 미래를 의심합니다. 희망을 포기해야 한다는 건 참 잔인한 일입니다. 희망이 없다면 대체 어디에서 삶의 원동력을 찾을 수 있을까요?

저는 역사를 공부하고 알리는 사람이다 보니 항상 과거를 살펴봅니다. 예전에는 어땠는지, 과거 사람들은 어떤 어려움을 겪고 어떻게 극복했는지 찾아보지요. 그 과정에서 문제의 본질을 이해하고, 해결의 실마리를 얻기도 합니다.

우리 역사상 희망을 향해 가장 저돌적으로 달려간 사람은 누구일까 곰곰이 생각해봤어요. 그랬더니 갑신정변을 일으킨 급진개화파가 떠올랐습니다. 갑신정변은 조선 고종 때에 개화정권을 수립하기 위해 급진개화파가 일으킨 정변입니다. 이들은 조선의 자주독립과 근대화를 목표로 청나라에 대한 사대와 조공 허례, 그리고 신분제 폐지 등을 주장합니다. 김옥균, 박영효, 서재필, 홍영식, 서광범 등이 중심인물인데 모두 상류층 집안의 엘리트였습니다. 사실 신분제의 혜택을 가장 잘 누린 사람들이었죠. 그런데도 그런 특권을 없애고자 했어요. 자신들의 기득권을 내려놓으려 했던 겁니다.

그 이유는 생각보다 단순합니다. 다른 세상을 꿈꿨기 때문입니다. 천한 신분으로 태어나면 죽을 때까지 무시당해야 하고, 양반이라고 하면 어린아이도 떵떵거리는 세상을 바꿔보고 싶었던 겁니다. 양반 상인 차별 없이 다 같은 사람으로 함께 어울릴 수 있는 세상을 만들자는 꿈이었죠.

1884년 12월 4일 급진개화파는 자신들의 계획대로 궁을 장악하고 청나라에 사대하던 세력과 왕실의 민씨 척족 세력을 처단합니다. 조선에 새로운 정부가 수립되었음을 알리는 한편, 조정 관료들도 새로 임명했습니다. 그리고 개혁 정강 14조를 발표합니다. 그 내용을 살펴보면 청나라로 압송되었던 흥선대원군을 귀국시켜 일국의 위상을 회복하고, 자주국으로서 청나라의 간섭을 받지 말아야 하고, 신분제를 폐지하여 모두 평등하게 살고, 본래 취지와 달리 악용되고 있는 정부 기관을 없애는 등 지금 우리가 보기에는 모두 맞는 말이고 필요한 내용을 주장합니다.

하지만 아시다시피 갑신정변은 삼일천하로 끝납니다. 개혁의 희망은 단 3일 만에 물거품으로 돌아갔습니다. 일본으로 도망친 후 10년간 떠돌아다니던 김옥균은 결국 자객의 총에 맞아 죽었고, 홍영식은 고종의 곁을 지키다가 칼에 맞아 죽었습니다. 박영효, 서재필 등 몇몇 사람은 외국으로 망명했고요.

갑신정변에 대한 평가는 엇갈립니다. 온건개화파를 비롯해 함께 개혁을 펼쳐나가야 할 세력을 끌어안지 못했고 일반 백성의 지지도 얻지 못했다는 것, 일본의 힘을 빌리려고 한 것 등 부족하거나 잘못된 점도 있지요. 갑신정변은 누가 뭐래도 실패한 혁명입니다. 그러나 그들의 방식에 문제가 있었다고 한들 14개의 개혁 정강으로 정리된 그들의 이상은 비난하기 어려울 것입니다. 그들이 아니었더라도 또 다른 누군가는 새로운 세상에 대한 희망을 품고, 그 꿈을 실현하고자 노력했을 거예요.

급진개화파가 뿌린 희망의 씨앗은 10년 뒤 동학농민운동으로 이어집니다. 동학은 최제우가 창시한 종교로 단순히 종교 차원이 아니라 시대의 모순을 해결하는 동력으로 사용됩니다. 동학농민운동은 정치적인 색채를 띠고 있었어요. 그들이 요구했던 개혁안을 살펴보면 탐관오리와 횡포한 부자를 벌하고 노비 문서를 없애며 토지를 고루 나누어 농사를 짓게 하라는 내용이 있습니다. 신분에 귀천 없는 세상을 목표로 한 것은 갑신정변과 같은데, 그 내용은 훨씬 구체적이지요. 실제로 농사를 짓고 사는 백성이 개혁의 주체임을 실감할 수 있습니다.

갑신정변이 일어날 때만 해도 백성들에게 급진개화파의 주장은 얼토당토않은 말이었지만, 10년이라는 시간이 흐르는 동안 일반 백성도 세상이 어딘가 잘못되었음을 깨달은 거예요. 천하게 태어났으니 어쩔 수 없다고 여기던 일이 사실은 부조리한 일이자 타파해야 할 문제임을 알아차렸죠. 그래서 자신의 부모가 받아들였던 숙명과 모난 돌이 정 맞으니 가만히 있으라는 가르침을 거부하기로 합니다. 봉건제에 맞설 준비가 된 것이죠.

동학농민운동은 그야말로 아무개들의 이야기입니다. 전봉준, 김개남, 손병희 등 지도자는 있었지만, 그런 대표 인물 몇몇을 제외하고는 이름을 모르잖아요. 동학농민운동에 가담했던 대부분은 이름이 남아 있지 않습니다. 그러나 새로운 세상을 꿈꾸는 그들의 힘은 강력했습니다.

농민군이 관군을 상대로 승리를 거듭하며 하루가 다르게 세력이 커지자 조선 조정은 청나라에 도움을 청합니다. 무서운 기세의 농민군을 최대한 빨리 진압하기 위한 고육책이었겠지만, 호시탐탐 조선을 노리던 청과 일본에 군사를 보낼 명분을 제공한 것과 다름없습니다. 결국 두 나라는 얼씨구나 하고 군대를 보내죠.

농민군은 이런 사실을 알아차리고 조정에 자치적 개혁을 하겠으니 싸움을 멈추자고 제안하고 자진 해산합니다. 이들은 급진개화파와 달리 반외세의 성격을 띠고 있었거든요. 그래서 다른 나라가 개입하는 상황은 막아야 한다고 생각했던 거예요. 막상 청군과 일본군이 밀어닥치자 아차 싶었던 조정도 농민군과 화약을 맺고 청과 일본에 군대를 물릴 것을 청합니다. 하지만 일본군은 돌아가려고 하질 않습니다. 오히려 경복궁을 점령하고 청군과 전쟁을 일으킵니다. 이 땅에서 청일 전쟁이 발발하게 된 것이지요.

이제 농민군은 조정뿐 아니라 일본을 상대로도 싸우기 위해 다시 결집합니다. 관군과 일본군도 연합하여 전투를 준비하죠. 그들이 맞붙은 곳이 바로 우금치입니다. '치'는 고개를 뜻하는 말로 우금치는 부여에서 공주로 가는 길목에 있는 고개입니다. 농민군 입장에서는 이 고개를 넘으면 서울로 진격하는 거예요. 전략적으로 굉장히 중요한 곳이죠. 관군과 일본군 입장에서는 농민군이 우금치만은 넘지 못하게 막아야 했습니다.

농민군이 우금치에 도착해서 본 것은 고개 위에 걸려 있는 총들이었어요. 농민군에게는 총이 없었습니다. 그들을 지휘하며 전투를 이끄는 사람들이나 총을 사용했죠. 농민군은 대부분 말 그대로 농민으로 이루어져 있었어요. 농사짓고 사는 백성입니다. 총칼은커녕 죽창 하나만 들고 싸운 사람이 훨씬 많았어요. 그러니 잔뜩 걸려 있는 총을 보고 얼마나 무서웠겠어요.

농민군은 옷 속에 부적을 붙였다고 해요. 그 부적을 붙이면 총알이 피해간다고 믿었대요. 정말로 그렇게 믿었을까요? 아니요. 당연히 믿지 않았을 겁니다. 너무 무서우니까, 무서워서 한 발짝 떼기도 힘드니까 붙였던 거예요. 종잇조각 하나지만, 아무 소용도 없는 걸 알지만, 그거라도 붙여야 한 발짝이라도 뗄 수 있을 것 같으니까 그래서 붙인 것 아닐까요? 부적 이야기를 들으니 마음이 참 짠하더라고요. 이 아무개들은 용감하게 싸운 게 아니에요. 두려워하면서 싸웠어요.

우금치 전투의 결과는 농민군의 대패였습니다. 무기부터 상대가 되지 않잖아요. 잘 훈련된 일본군과 싸우기에는 역부족이었죠. 그들도 우금치를 바라보며 아마 자신의 운명을 예감했을 겁니다. 그런데 왜, 도대체 무엇 때문에 자신의 목숨을 내걸고 그 고개를 넘으려 했을까요? 아마도 그들에게 희망이 있었기 때문일 것입니다. 더 나은 세상을 만들 수 있다는 희망. 양반, 상놈 할 것 없이 함께 어울릴 수 있는 세상을 자식에게 물려주겠다는 희망. 그 희망 하나로 죽창을 들고 언덕 위로 뛰어올랐습니다.

100년 전 희망을 꿈꾼 사람들의 시도는 실패로 끝났습니다. 당시에는 갑신정변을 경거망동이라 하고, 동학농민군을 폭도이자 반란군으로 평가했습니다. 그때 제가 살아 있었다면 갑신정변과 동학농민운동을 어떻게 바라봤을지 생각해봅니다. 어쩌면 저 역시도 그들을 경거망동한 자들, 비적들이라고 불렀을지 몰라요. 설사 그들과 뜻이 같았더라도 냉소적으로 반응했을 것 같습니다. '그런다고 세상이 바뀌겠어?' 이렇게 생각했겠죠. 희망이 보이지 않는다고, 그런 건 없다고 말입니다.

그런데 그들이 바라던 시대가 찾아왔어요. 신분제 폐지라니 말이 돼? 말도 안 된다고 생각했던 이야기가 지금은 너무도 당연한 현실이 되었습니다. 두려움 속에서도 먼 미래를 보며 나아갔던 사람들이 있었기에 가능했던 일입니다. 희망을 품은 사람이 있었고, 그들이 도전했고, 그 덕분에 지금의 우리가 그 당연한 것을 누리고 사는 건지 모릅니다.

역사적 사건을 볼 때 기본적으로 원인, 전개, 결과 그리고 의의를 다룹니다. 갑신정변의 엘리트 청년, 동학농민운동의 농민 모두 목숨을 걸고 자신의 목소리를 높였지만 결과적으로

▲ 새날을 바라는 외침으로 가득했던 우금치

는 실패했어요. 그렇다고 이들의 운동에 아무런 의미가 없다고 할 수 있을까요?

그렇지 않습니다. 갑신정변과 동학농민운동의 주장은 1차 갑오개혁에 상당 부분 반영됩니다. 조정 역시 역사의 흐름을 거스를 수는 없었던 까닭이죠. 갑오개혁이 추진되면서 신분제와 함께 반상班常의 구별도 사라집니다. 비록 당대에는 그들의 노력이 결실을 보지 못했지만, 역사는 그들의 노력이 헛되지 않았음을 증명합니다.

역사가 흘러가는 것을 보면 희망이라는 말이 조금은 다르게 다가와요. 말하자면 역사는 실체가 있는 희망입니다. 아무런 근거 없이 조금 더 살아보자고, 버텨보자고 말하는 게 아니에요. 단지 조금만 더 멀리 봤으면 좋겠어요. 지금 당장은 두렵겠지만 나의 삶이 어떻게 변할지 모르잖아요. 세상도 변하는데 나의 인생이라고 늘 지금과 같을까요? 힘든 세상에서 희망마저 없다면 우리는 앞으로 나아갈 동력을 잃어버린 것과 마찬가지입니다.

철학자 스피노자는 "두려움은 희망 없이 있을 수 없고 희망은 두려움 없이 있을 수 없다"라고 말했습니다. 이 말에 따르면 두려움을 느끼는 우리는 모두 어떤 형태의 희망을 품고 있다는 것이겠지요? 인생이라는 항로에서 방향키를 놓치지 않는다면 언젠가 나의 노력도 역사의 수레바퀴와 맞물려 순풍이 불어오듯 결실을 맺는 때가 있을 것입니다. 저 역시 그런 희망을 품고 두려움을 껴안은 채 오늘도 한 걸음 앞으로 나아가려 합니다.

품위 있는 삶을
만드는 선택의 힘

　지금은 종영한 예능 프로그램 〈무한도전〉에서 '선택'을 주
제로 특집을 진행한 적이 있습니다. 대한민국 사람들의 최대
고민거리 중 하나인 짜장면이냐 짬뽕이냐를 시작으로 멤버들
에게 두 가지 선택지를 끊임없이 주며 하나를 고르게 만드는
형식이었죠.

　선택의 결과는 천차만별이었습니다. 어떤 멤버는 고급 호텔
중식당에 가서 값비싼 짬뽕을 먹었고, 어떤 멤버는 마라도까

지 가서도 짜장면을 입에 대지 못했습니다. 기가 막혀 울화통을 터뜨리는 멤버들의 모습은 시청자에게 폭소를 안겨주었지요. 그런데 우리는 여기에서 웃음뿐 아니라 인생철학도 발견할 수 있습니다. 어떤 인간이든 매번 선택의 기로에 놓인다는 점, 그 선택은 때때로 예측 불가능할 만큼 기상천외한 결과를 불러온다는 점, 그리고 한 번 선택한 것은 되돌릴 수 없다는 점입니다.

여기에서 비극이 시작됩니다. 선택을 한 이상 무를 수 없습니다. 결과가 좋든 나쁘든 선택한 자의 몫이에요. 그래서 후회는 늘 우리를 따라다닙니다. 점수가 조금 부족한데 그래도 이 학교에 지원해볼까? 내가 좋아하는 일보다는 잘하는 일을 하는 게 낫지 않을까? 언제 잘릴지 모르는 회사에 다니는 것보다 내 사업을 꾸리는 게 낫지 않을까? 여러 갈래의 길 앞에서 무엇을 선택해야 후회가 적을지 고민에 고민을 거듭하지만, 우리는 결국 아무것도 확신하지 못한 채 선택에 내몰립니다.

그런데 어떤 갈림길은 당장 그 차이가 눈에 보입니다. 한쪽은 쭉 뻗은 길이고, 다른 쪽은 가시밭길이에요. 탄탄대로로 가면 되지 뭐가 걱정인가 싶지만, 세상 모든 일이 그렇듯 무조건 좋기만 한 선택은 없거든요. 이 길이 편하고 이득을 줄 것 같지만 사실은 옳은 길이 아닐 수도 있는 거죠. 또 나에게는 좋지만 다른 사람들에게는 해가 되는 길일 수도 있습니다. 우선 내가 중요한 것 아닐까? 그런데 나만 생각해도 되는 걸까? 이런 갈등이 생길 법도 합니다. 결과를 살짝 엿볼 수 있다면 참 좋을 텐데, 미래를 아는 사람은 아무도 없지요.

하지만 다행스럽게도 우리는 과거를 알 수 있습니다. 한두 해도 아니고 수천 년의 시간, 한두 사람도 아니고 수억 명이 넘는 사람들의 사례가 역사라는 기록으로 남아 있으니까요. 참고 자료가 이토록 많다니, 얼마나 다행인지 모릅니다. 미래는 몰라도, 지금의 우리처럼 사는 내내 수많은 갈등 속에서 결정을 내렸을 과거 사람들의 삶을 통해서 조금이나마 예측해볼 수 있습니다. 나의 선택이 어떤 결과를 불러올지를 말이죠.

대한민국 헌법은 1948년에 제정된 뒤 1987년에 제9차 헌법 개정안이 의결되어 무려 아홉 차례나 개정됐습니다. 헌법이 뭡니까? 최고의 법, 법 중의 법, 모든 법의 기본이 되는 법입니다. 그러니까 이렇게 자꾸 바꿔서는 안 되는 거지요.

예를 들어 미국은 헌법을 전면적으로 뜯어고친 적이 없습니다. 새로 생겨난 조항은 있지만, 기존의 헌법 뼈대를 바꾼 적은 없어요. 민주주의 역사가 그렇게 긴데도 말이죠. 사실 그들의 헌법이 꼭 합리적인 것은 아닙니다. 대통령 선거제도만 봐도 문제가 많아요. 지난 2016년 미국 대선에서도 후보였던 힐러리와 트럼프의 경우, 힐러리의 득표수가 더 많았지만 대통령에 당선된 사람은 트럼프였습니다. 미국의 대선은 각 주마다 선거인단 수를 정하고 주에서 승리한 후보가 해당 주에 배정된 선거인단 수를 모두 가져가게 되어 있기 때문이죠. 더 많은 국민의 지지를 받는 것보다 선거인단이 많은 지역에서 이기는 것이 중요합니다.

저는 미국의 대선 방식이 잘 이해되지 않더라고요. 힐러리는 내심 억울하지 않을까요? 하지만 미국에서는 문제를 알더라도 당장 헌법을 바꾸지는 않습니다. 헌법이라는 것이 그만큼 큰 무게를 지니고 있다는 뜻이지요.

물론 우리나라는 사정이 다릅니다. 50년 동안 산업화와 민주화를 한꺼번에 후다닥 해치워야 했으니 얼마나 많은 굴곡이 있었겠어요. 이해가 안 되는 것은 아니지만 그동안의 개헌은 참 아쉽습니다. 대부분 다수의 행복이 아니라 정권을 연장하기 위해 이뤄졌기 때문입니다. 그중에서도 사사오입 개헌은 대한민국 정치사에 길이 남을 수치입니다.

사사오입四捨五入은 '4 이하는 버리고 5 이상은 올린다'는 뜻이에요. 보통은 반올림이라고 하는 수학 계산법입니다. 사사오입 개헌의 중심인물인 이승만 대통령은 이미 한 차례 개헌을 통해 대통령 재선에 성공했습니다. 그런데 1954년 또다시 헌법에 손을 대려 합니다. 대통령은 2회까지만 가능하다는 헌법 조항에 '헌법 개정을 시행한 당시의 대통령은 이 조항에 적용받지 않는다'는 내용을 끼워 넣으려 한 것이지요. 자신에게는 이 조항이 적용되지 않게끔, 다시 말해서 원한다면 대통령 선거에 계속 나올 수 있게 하려던 것입니다.

헌법 개정안은 국회의원 3분의 2 이상이 찬성해야 통과됩니다. 당시 표결 결과를 보면 재적 인원은 203명이었고, 203명의 3분의 2는 135.333……입니다. 그런데 투표 결과가 굉장히 놀랍습니다. 찬성 135명, 반대 60명, 기권 7명, 무효 1명이 나왔거든요. 136표가 나와야 가결인데 1명이 모자라서 부결된 거죠.

개헌은 물 건너갔구나 싶은 와중에 더 드라마 같은 일이 일어납니다. 그냥 드라마가 아니라 막장 드라마죠. 어느 대학교 수학과 교수가 한 명의 사람은 소수점으로 계산할 수 없다며 사사오입 원칙을 적용해 0.333……은 0.5 미만이니까 203의 3분의 2 이상은 0.333……을 버린 135라고 주장해요. 이 이야기에 자유당이 옳다구나 하고 목소리를 높입니다. '사람은 0.3명이라는 게 없으니까 소수점이라는 건 존재하지 않는다. 그러니까 사사오입 원칙으로 처리하자. 3은 4 이하의 숫자니까 버려야 한다. 135명 찬성이니 개헌안도 통과된 것이다'라고 말이죠. 그야말로 궤변이죠. 하지만 그들은 대학교수의 논리를 밀어붙입니다. 이미 부결된 것을 가결로 탈바꿈시켜서 개헌을 선포해버립니다.

왜 그런 선택을 했을까요? 이승만 대통령이나 자유당 의원들, 그리고 억지 논리에 힘을 실어준 지식인의 행동을 떠올릴 때마다 저는 개인의 선택이 가진 힘에 대해 생각합니다. 대한민국의 여러 대통령이 그토록 수없이 헌법을 바꾼 원인 중의 하나가 바로 초대 대통령의 선택에 있지 않을까요?

현재 미국의 대통령은 1회에 한하여 재임을 허락합니다. 그러니까 대통령을 총 두 번 할 수 있는 거예요. 유일한 예외는 32대 대통령인 프랭클린 루스벨트Franklin D. Roosevelt입니다. 2차 대전이라는 전시 상황에서 네 번이나 대통령에 당선됐고, 연임 제한 조항은 그의 사후에 헌법에 추가된 것입니다. 그러니까 그 이전에는 관련 조항이 딱히 없었죠. 한 사람이 세 번이든 네 번이든 대통령을 할 수 있었습니다. 그런데 왜 루스벨트 대통령 이전 대통령들은 3선, 4선에 도전하지 않은 걸까요? 이유야 다양하지만, 그중 하나는 초대 대통령의 결단 때문입니다.

미국 초대 대통령 조지 워싱턴George Washington은 대통령 연임에 성공한 후에도 인기가 좋아서 3선 가능성이 높았습니다. 당연히 주변에서도 많이 권유했겠지요. 하지만 사양하고 물러납니다. 그때가 1797년이었습니다. 민주주의에 대한 이해가 별로 없어 대통령을 왕처럼 생각하는 사람이 수두룩했던 시절, 더 오랫동안 권력을 쥘 수 있음에도 그는 대통령직을 내려놓습니다. 그리고 지금까지도 명연설로 유명한 고별사에서 말합니다. "정계를 떠나고자 하는 내 선택이 주의와 분별의 잣대에 비추어 바람직할 뿐 아니라 애국심의 잣대에 비추어서도 그릇되지 아니한 선택이라 믿는다"라고 말입니다.

왕과 귀족에 대항해서 싸우고 새로운 세상을 열겠다던 수많은 이들이 권력을 쥐고 나면 왕이 되려 했습니다. 역사에 이런 사례는 굉장히 많습니다. 그렇기 때문에 조지 워싱턴의 선택은 강한 인상을 남겼고, 그는 지금까지 미국인에게 가장 사랑받는 역대 대통령이 되었습니다.

조지 워싱턴의 뒤를 이은 후임 대통령들도 재선 이후에는 마치 당연히 그래야 한다는 듯이 백악관에서 나왔습니다. 그들이라고 욕심이 없었을까요? 그렇지는 않을 겁니다. 다만 초대 대통령이 남긴 선례, 그리고 그로부터 이어져 온 암묵적인 규칙을 깨는 일이 엄청난 부담이었을 것입니다. 국민들의 시선이 좋을 리도 없겠죠. 이쯤 되면 한 사람의 선택이 얼마나 중요한지 실감할 수 있을 겁니다.

우리나라는 분명 헌법 역사에서는 첫 단추를 잘못 끼운 셈입니다. 그래서 줄줄이 비뚤어졌어요. 이승만 대통령이 비민주적인 개헌만 안 했어도 대한민국 초대 대통령으로서 그에 걸맞은 위상을 더 확보했을 겁니다. 우리나라 경제 성장에 큰 획을 그었던 박정희 대통령 또한 유신 헌법으로 영구 집권까지 노리지 않았더라면 그 공과에 대한 논란이 이렇게 이분법적으로 나뉘진 않았을 겁니다. 이승만 대통령의 말로를 보았으면서도 왜 같은 실수를 반복했을까요? 왜 무리하게 집권을 연장하면서 결국 자신도 위험해지는 선택을 한 것일까요?

앞에서 말한 대통령들 모두 적당한 때에 물러났으면 명예와 품위를 지킬 수 있었을 것입니다. 그런데 나 아니면 안 된다는 과욕을 부리다가 내려올 때를 놓쳐버렸죠. 역사 속에서 위인으로 평가받는 사람들은 정상에서 배회한 사람들이 아닙니다. 물러나야 할 때 물러날 줄 알고, 잘 내려온 사람들이지요. 우리는 역사를 통해 '잘 내려오는 법'을 배워야 합니다. 이를 통해 나의 존재, 나의 격을 지킬 수 있으니까요.

요즘 제가 품은 소망도 이와 다르지 않습니다. 제 삶을 가만히 돌이켜보면 제 인생의 전성기는 이미 지난 것 같아요. 이제 내려가는 길목에 서 있다고 봅니다. 저는 더 올라가는 것보다 잘 내려가고 싶습니다. 정상의 단맛에 취해 안 내려가려고 안간힘을 쓰다가는 추해질 것 같아요. 그러면 지금까지 힘들여서 올라온 과정마저도 인정을 못 받을지 모릅니다. 저는 여기까지 오기 위해 들인 시간과 노력, 정성을 헛되게 하고 싶지 않아요. 그래서 잘 내려가고 싶은 겁니다.

저는 품위 있는 선택에 역사적 사고가 큰 도움이 된다고 믿습니다. 많은 사람이 현재만을 생각해요. 그러다 보면 부정을 저질러서라도 더 높이 올라가고, 다른 사람을 괴롭히면서까지 자신의 이득을 취하는 근시안적인 선택을 하기 쉽습니다. 하지만 모든 사건은 그 자체로 존재하지 않아요. 역사적 사고란 역사 속에서 나의 선택이 어떻게 해석될지 가늠해보고, 다른 사람에게 미칠 영향력을 고려해 판단하는 것을 말합니다.

특히 지식인이나 오피니언 리더에게 역사적 사고가 필요합니다. 본인은 어떤 목적을 가지고 있지 않더라도 자신의 생각이나 말, 의견이 누군가의 나쁜 선택에 힘을 실어줄 수 있기 때문이죠. 저도 어떤 사건이나 인물에 대해서 의견을 말해달라는 요청을 많이 받는 편인데 공정한 평가뿐만 아니라 제 말이 어떻게 해석되고 사용될 수 있을지 점검을 많이 하는 편입니다. 제가 큰 영향력이 있는 사람은 아니지만 저의 강의를 듣고 제 의견을 믿어주는 사람에게는 영향을 끼칠 수도 있으니까요.

◇ ◆ ❖

신라 문무왕 때 구진천이라는 사람이 있었어요. 구진천은 무기를 만드는 기술자였는데, 무기 중에서도 '쇠뇌'를 만드는 장인이었지요. 쇠뇌는 활에 석궁처럼 방아쇠 장치를 달아서 큰 화살을 멀리 쏠 수 있게 만든 무기인데, 당시 신라의 쇠뇌는 성능이 엄청나서 화살이 1000보나 날아갔다고 합니다. 보가 장년 남자의 보폭을 기준으로 한 단위니까 1000보라고 하면 700미터에 가까운 굉장한 거리입니다. 물론 아무나 만들 수 있는 건 아니었고, 구진천이라서 가능했지요. 구진천의 실력이 얼마나 대단했느냐면 중국에서도 구진천을 데려가려고 난리였습니다.

구진천이 살았던 시대에 신라는 당나라와 연합하여 삼국을 통일했습니다. 고구려가 668년에 멸망했는데, 바로 그다음 해에 당나라 황제 고종이 신라에 구진천을 내놓으라고 요구합니다. 당나라 군사들이 전쟁 중에 보니까, 신라에서 사용하는 쇠뇌가 무척 좋았던 겁니다. '와, 저게 대체 뭐야? 저걸 누가 만들었대?' 하고 알아보다가 구진천이라는 기술자의 존재를 알게 된 것이죠.

백제와 고구려를 무너뜨린 뒤에 당나라는 신라마저 병합하려 했습니다. 그러려면 신라와 한판 승부를 벌여야 하는데 당연히 신라의 비밀병기가 두려웠을 겁니다. 그에 버금가는 무기를 만들어야겠다고 생각했을 테죠. 그러기 위해서 구진천은 당나라에 꼭 필요한 사람이었습니다. 신라는 구진천을 보내기 싫었겠지요. 하지만 당의 요구를 계속 거절할 힘은 없으니까 보낼 수밖에 없었습니다.

구진천이 끌려가자 당 고종은 신이 났습니다. 얼른 쇠뇌를 만들어 바치라고 명령을 내렸지요. 구진천은 명령대로 쇠뇌를 만들기 시작했습니다. 드디어 쇠뇌를 시연하는 날이 되었습니다. 당나라 황제와 고위 관료들 앞에서 구진천은 쇠뇌를 들고 방아쇠를 당겼다가 놓았습니다. '팡!' 소리가 나는 동시에 모두들 먼 곳을 바라봤겠지요. 화살이 얼마나 멀리 날아갈까 잔뜩 기대하면서 말입니다.

그런데 이게 웬일입니까? 화살이 30보도 못 가서 뚝 떨어져버린 거예요. 황제는 화를 냅니다. 1000보보다 더 멀리 쏠 수 있는 쇠뇌를 만들어야 할 판에 30보라니? 그때 구진천의 대답이 참 재밌습니다. 신라의 나무가 아니라 당나라의 나무로 만들어서 그렇다고 이야기하거든요. 항상 사용하던 신라 나무와 질이 달라서 제대로 안 되는 거라고 말합니다. 들어보니 그 말이 꽤 일리가 있어요. 결국 당나라는 신라에서 나무까지 들여옵니다.

다시 시연하는 날이 되었습니다. 황제는 또 기대합니다. 신라의 나무로 신라의 기술자가 만들었으니 군사들이 봤던 대로 엄청난 위력이겠지? 하지만 이번에도 화살은 60보 정도 날아가다가 떨어졌습니다. 구진천은 이번에도 나무 평계를 댑니다. 신라의 나무가 바다를 건너오면서 습기를 잔뜩 머금어 제대로 완성되지 않았다고 말하지요.

구진천에 대한 기록은 이것이 끝입니다. 어디에서도 더 이상 그에 관한 정보를 찾을 수가 없습니다. 고위 관료도 아니고, 양반도 아니고, 아무리 실력이 좋아도 그 시절에는 천한 신분에 속했으니 말이죠. 중요한 사실은 나당전쟁이 시작된 670년, 당나라에는 화살을 1000보나 날릴 수 있는 쇠뇌가 없었다는 점입니다. 구진천은 끝내 쇠뇌를 만들지 않았던 것입니다.

구진천이 당나라에 자신의 기술을 전했다면 아마 좋은 대접을 받았을 것입니다. 극진한 대접을 받으며 잘 먹고 잘살 수 있는 길이 열렸겠지요. 그런데 왜 끝까지 기술을 숨겼을까요? 당이라는 큰 나라의 황제 앞에서 목숨이 날아갈지도 모르는 위험한 선택을 한 이유가 무엇이겠습니까? 구진천은 알고 있었던 거예요. 자신이 쇠뇌를 만드는 순간 그것이 신라 사람들을 향할 수밖에 없다는 사실을요. 구진천의 선택이 수많은 사람을 살린 셈입니다.

얼마 전에 한 기사를 봤는데 한국의 대기업 연구 인력을 스카우트해가던 중국 기업들이 이제는 대기업에 핵심 장비를 납품하는 협력업체 인력까지 빼간다고 하더군요. 40억, 50억이라는 생각해본 적도 없는 거액의 연봉을 제시하니까 흔들리지 않을 수 없겠지요. 그 과정에서 인재만 유출되는 것이 아니라 기술과 설계 도면까지 흘러나가니 대기업도 아닌 영세기업들은 발만 동동 구른다고 합니다. 관련 시장에서 우리나라 기업은 점점 설 자리를 잃고, 이에 따라 우리나라 노동자들의 고용안정성도 떨어지겠지요.

이러한 상황이 반드시 개인의 잘못은 아닙니다. 저는 그들의 선택을 비난할 수 없다고 생각해요. 법을 어기는 조건이라면 당연히 문제가 되겠지만, 그게 아니라면 얼마든지 더 좋은 조건을 제시하는 쪽을 선택할 수 있지요. 그렇기 때문에 우선은 우리나라가 최고 기술자들에게 대우를 잘 해주어야 합니다. 다만 좋은 대우가 선행됐다면 한번 고민해보면 어떨까요? 나의 선택이 주변에 어떤 결과를 불러올지 좀 더 깊이 생각해볼 필요가 있습니다.

사사오입 개헌을 계획한 이들은 이렇게 말할 거예요. "나는 국가와 국민이 걱정돼서 내려갈 수 없다", "나는 당적에 따라 당의 결정을 따랐을 뿐이다", "나는 학자로서 그저 의견을 제시했다……". 이런 말들은 자신의 행동으로 인한 결과를 염두에 두지 않았다는 뜻입니다. 아마도 핑계겠지만, 참말이라면 역사의식이 없는 것이죠. 오로지 '나'와 '현재'만을 생각한 것입니다.

크고 작은 곳에서 이 사회를 이끄는 사람일수록 역사의식을 갖추는 일이 중요한 까닭입니다. 그들의 선택은 더 많은 사건과 사람에게 영향을 미치기 때문입니다. 조지 워싱턴의 결정이 미국 정치사에 미친 영향, 구진천의 결정이 신라인들의 생사에 미친 영향을 떠올려보자고요.

나는 일개 소시민인데 무슨 영향력이 있나 하고 생각한다면 그렇지 않다고 말씀드리고 싶습니다. 혼자 사는 세상이 아닌 만큼 나의 선택은 타인1, 타인2…… 그들과 연결된 타인100에게까지 영향을 미칠 수 있습니다. 결국 한 사람의 선택이 사회의 문화를 형성하고, 그 사회에서 살아가는 한 사람 한 사람에게 다시 영향을 미칩니다.

부단히 노력하지 않으면 지금 닥친 상황과 욕망에 자꾸 눈이 멀어요. 그래서 과거의 무수한 사례를 까먹고 똑같은 잘못을 저지르기 십상입니다. 그 잘못 하나 때문에 그때까지 쌓아

온 모든 공이 다 무너지기도 해요. 내가 내뱉는 말과 지금의 행동이 어떤 결과를 불러올지 살펴볼 수 있다면 선택은 한결 쉬워질 겁니다.

역사의 구경꾼으로
남지 않기 위하여

    조선의 성군을 꼽으라고 하면 보통 세종과 정조를 말합니다. 세종은 조선시대 전기를, 정조는 조선시대 후기를 대표하는 임금이죠. 정조는 참 힘들게 왕이 되었습니다. 겨우 열한 살의 나이에 자기 아버지가 죽었는데 아버지를 죽인 사람이 다름 아닌 할아버지 영조예요. 어린 나이에 얼마나 괴로웠겠습니까. 이뿐만이 아니라 아버지의 죽음에 관여한 신하들이 이번엔 자신이 왕이 될까 봐 갖은 음모를 꾸몄습니다. 목숨을 부지하느라 고생했던 정조는 왕이 되자마자 왕권을 강화하는 한편 정치 개혁을 위해 애씁니다. 신하들이 호시탐탐 자신을 노리는 상황이었으니까요.

세력을 키우려면 가장 먼저 자기를 따르는 사람이 있어야겠지요. 그래서 세운 것이 규장각입니다. 왕실도서관인 규장각은 사실 정조가 자기 사람을 키우기 위해 만든 기관이었습니다. 정조는 당파나 신분에 관계없이 젊고 똑똑한 관료들을 뽑아서 규장각에 배치했는데, 이것이 바로 초계문신 제도입니다. 이미 과거에 합격한 사람 중 37세 이하의 인재를 뽑아 3년 정도 특별 교육을 하는 거예요. 개혁 정치를 함께하기 위해 재교육을 한 것이지요. 그중에는 박제가, 유득공 같은 서얼 출신도 많았습니다. 정조는 신분보다 실력을 중시했기 때문에 별로 개의치 않았어요.

소위 '정조 라인'이 된 학자들은 규장각에서 역대 왕의 자료를 정리하며 개혁의 토대를 마련했습니다. 그리고 저마다 중요한 학문적 업적을 남겼지요. 초계문신의 대표 인물이 바로 다산 정약용입니다.

정약용은 정조가 키운 학자입니다. 그에게 정조는 스승이자 멘토였어요. 정조 또한 정약용을 총애했습니다. 정약용이 워낙 훌륭했기 때문이죠. 능력 면에서 이야기하자면 정약용 같은 위인을 또 찾기가 어려울 거예요. 흔히 만능인이라고 하면 레오나르도 다빈치를 꼽잖아요. 그런데 다산 선생이야말로 다방면에서 재능을 발휘한 조선의 르네상스인이었습니다. 실학자로 알려져 있지만 그 바탕은 유학에 있어 관련 서적을 여러 권 집필하였고, 정치와 법, 의학과 지리학, 언어학에도 조예가 깊었습니다. 거중기와 녹로를 발명해 수원 화성 건설에 혁혁한 공을 세웠고 시인으로서 여러 작품을 남기기도 했죠. 또 500여 권이 넘는 책을 썼으니 뛰어난 작가라고도 할 수 있습니다.

두 사람은 다양한 내기를 하며 함께 시간을 보낼 정도로 무척 가까웠습니다. 애주가인 정조가 술을 잘 못하는 정약용에게 일부러 술을 내리거나 활 솜씨가 없는 것을 알고 문무를 갖추게 한다며 활쏘기 연습을 시키는 등 짓궂은 장난도 서슴지 않았죠. 두 사람의 일화를 보고 있자면 임금과 신하의 관계를 넘어 정말 마음을 나눈 벗 같다는 생각이 듭니다.

그러나 다재다능한 정약용에게도 약점이 하나 있었습니다. 종교가 그의 아킬레스건이었어요. 조선은 성리학의 나라인데 정약용의 집안은 천주교를 믿었거든요. 한마디로 난리가 날 일인 것이죠. 정조는 그 사실을 모른 척했지만, 계속해서 올라오는 탄핵 상소를 외면할 수는 없었습니다. 그래서 일단 정약용을 내치기로 합니다. 너무나 아끼는 신하지만 계속 붙잡고 있으면 오히려 정약용에게 독이 될 수도 있겠다는 생각이 든 거죠. 그래서 정약용에게 미리 언질을 줍니다. 내가 내일 호통을 치면서 너를 자를 거다, 그럼 우선 잘못했다고 해라, 물러나서 기다리면 내가 너를 다시 부를 것이다.

정조는 뼛속까지 정치인입니다. 치밀하고, 때로는 냉혹하기도 합니다. 가까운 신하들과 자주 편지를 주고받으며 다양한 지시를 내렸는데, 당시 노론 벽파의 수장이었던 심환지와 주고받은 편지는 무려 300통이 넘습니다. 그중 한 편지를 보면 정조가 심환지에게 이런 지시를 내려요. 내일 나에게 무릎을 꿇고 절을 하면서 네 죄를 벌해달라고 말하라는 지시예요. 예를 들어 그 편지에 적힌 날짜가 3월 6일이라면 다음 날인 3월 7일 자 실록에 정확히 같은 내용이 있습니다. 심환지가 정조 앞에 가서 무릎을 꿇고 절을 하더니 "저의 죄를 벌하여 주시옵소서!"라고 했다는 것이죠. 이처럼 정조는 자신이 직접 사람과 상황을 조정하고 통제하는 인물이었습니다.

정약용은 정조의 편지를 받고 물러납니다. 상심이 컸을 거예요. 정약용은 정조와 함께 일하는 걸 정말 좋아했거든요. 하지만 상황이 워낙 안 좋으니 어쩔 수가 없었지요. 관직에서 물러난 정약용은 왕이 다시 자신을 불러줄 날만 기다리며 지냈습니다.

그가 조정에서 물러난 뒤 어떤 마음으로 살았는지 추측할 수 있는 증거가 있어요. 자신의 생가에 걸어 놓은 현판이죠. '여유당與猶堂'이라고 쓰인 현판인데, 얼핏 들으면 '이제 좀 여유를 갖고 편하게 살겠다는 뜻인가?' 하고 생각할지도 모르겠어요. 실은 노자의 『도덕경』에 나오는 글귀에서 따온 이름입니다.

"여與함이여, 겨울 냇물을 건너듯이

유猶함이여, 너의 이웃을 두려워하듯이."

이 글귀는 겨울에 시내를 건너는 것처럼 신중하고, 사방에서 나를 엿보는 것처럼 두려워하며 경계하라는 의미예요. 안 그래도 눈엣가시인데 무엇 하나라도 트집을 잡아보려는 무리가 눈에 불을 켜고 있지 않겠습니까? 그러니까 사방을 경계하고 신중하게 하루를 보내라는 의미로 그런 글자를 써둔 거예요. 정약용은 매일 현판을 쳐다보면서 '오늘 하루도 행동거지 하나하나 조심해야지' 하고 생각했던 것입니다.

그렇게 자신을 단속하며 이제나저제나 기다리고 있는데, 드디어 정조의 편지가 도착합니다. 보름 뒤에 너를 부를 테니 준

쓸데없어 보이는 것의 쓸모

비하고 있으라는 내용이었어요. 얼마나 좋았겠어요. 청운의 꿈을 품고 약속한 그날만을 손꼽아 기다렸겠죠. 그런데 청천 벽력 같은 소식이 들려옵니다. 정조가 세상을 떠난 거예요. 약속한 날을 딱 하루 앞두고요. 정조가 승하한 날이 정약용을 다시 부르기로 한 날의 바로 전날입니다.

정조의 갑작스러운 죽음에 정약용은 충격에 빠집니다. 얼마나 허탈하고, 또 슬펐을까요. 뒤이어 찾아온 감정은 바로 '공포'였을 것입니다. 정약용을 지켜주던 존재가 사라진 셈이잖아요.

아니나 다를까 정조 승하 이후 신유박해로 수많은 천주교인이 처형당하고, 정약용 또한 유배를 갑니다. 자신은 이미 천주교와 인연을 끊었다는 간곡한 호소가 받아들여져 겨우 사형을 면한 것이었어요. 후에 맏형인 정약현의 사위가 일으킨 역모 사건에 연루되었다는 이유로 강진으로 유배지를 다시 옮기게 됩니다. 가문은 폐족이 되었지요. 자그마치 18년 동안 귀양살이를 했고, 그 뒤에 여유당으로 돌아와 다시는 조정에 발을 들이지 못한 채 그곳에서 일생을 마칩니다.

정약용은 능력이 출중한 사람이었으나 능력을 펼칠 기회가 별로 없었습니다. 외척이 날뛰고 탐관오리들의 횡포가 판치는 세상, 인재를 알아주기는커녕 짓밟는 세상이 원망스럽지는 않았을까요? 저는 그게 평범한 반응이라고 생각합니다. 얼마나 억울해요. 다산의 인생을 보면 제가 다 안타까워요. 정조가 조금 더 오래 살고 정약용이 머릿속에 있는 생각을 실제로 펼쳤다면 조선의 향방이 조금은 달라지지 않았을까 싶은 거죠. 행정, 토지 등 여러 제도가 개선되었을지도 모르니까요. 역사에는 가정이 없다고는 하지만, '만약'이라는 생각을 하지 않을 수가 없거든요. 그 정도로 뛰어났던 분입니다.

정약용이 유배지에서 나라를 탓하고 운명을 탓하며 남은 인생을 보냈다고 하더라도 쉽게 손가락질할 수 없었을 겁니다. 하지만 정약용은 그러지 않았습니다. 오히려 그 어느 때보다 많은 일을 해요. 바로 책을 쓰는 일이었습니다. 18년 동안 무려 500여 권의 책을 씁니다. 저는 한 권 쓰는 일도 힘에 부치는데 말이지요.

양만 많은 것이 아니라 분야도 방대합니다. 지방의 수령이 지켜야 할 지침서인 『목민심서』, 제도의 개혁 원리와 방안을 다룬 『경세유표』, 형벌의 운영에 관한 『흠흠신서』, 고조선부터 발해까지 역대 왕조의 영토를 연구한 『아방강역고』 등이 대표적인 저서입니다. 이외에도 의학서, 어원 연구서, 시집, 풍수를 분석하거나 아이들을 위해 한자를 쉽게 가르쳐주는 책 등 몇 가지로 설명하기 힘들 만큼 다양합니다.

기록에 따르면 정약용은 복숭아뼈에 세 번 구멍이 났다고 해요. 양반다리를 하면 복숭아뼈가 눌리잖아요. 책상 앞에서 그 자세로 움직이지도 않고 밤낮으로 글만 쓴 겁니다. 나중에는 복숭아뼈가 너무 아프니까 일어서서 선반 위에 책을 올려두고 공부하며 글을 썼대요.

대체 왜 그랬을까요? 정약용이 왜 그렇게까지 했을까 궁금했습니다. 마치 기록에 미쳐 있는 사람처럼 글을 썼으니까요. 이 질문에 대한 정약용의 답변이 있습니다. 아들들에게 보낸 편지에 적혀 있어요.

마치 기계로 찍어내듯 책을 쓰는 와중에도 정약용은 두 아들에게 틈틈이 편지를 썼습니다. 귀양살이 중이니 자식과 함께 생활할 수 없었어요. 그래서 편지로 자녀를 교육하고 애정을 전했지요. 공부의 중요성부터 사대부 예법, 일상의 지혜 등 세세한 내용이 담겨 있어요. 독서를 어떻게 해야 하는지, 친구를 사귈 때나 시를 쓸 때, 벼슬살이를 할 때, 심지어 술을 마실 때의 법도에 관해서도 이야기하고 있습니다. 자식을 걱정하는 아버지의 마음이 고스란히 담겨 있어요. 둘째 형인 정약전과의 일을 추억하거나 막내아들의 죽음을 슬퍼하고, 물려줄 재산이 없어 미안한 감정을 드러내기도 합니다.

그중에는 폐족으로서 어떻게 살아야 하는지에 대한 편지도 있습니다. 조상이 큰 죄를 지어서 그 자손들이 벼슬을 할 수 없게 된 집안을 폐족이라고 해요. 정약용은 자식들에게 가문이 몰락한 상황을 인정합니다. 그리고 금방 나아질 거라고 말하지도 않습니다. 하지만 관직에 나갈 수 없는 폐족일지라도 선비의 기상을 유지하는 길을 끊임없이 알려주고 있습니다.

폐족끼리 무리를 짓지 말 것, 과일과 채소를 키우고 뽕나무를 심어 가난에서 벗어날 것, 벼슬을 하지 못하더라도 벼슬하는 사람처럼 나라와 세상을 위해 살 것……. 그중에서도 핵심은 책을 읽는 것이었습니다. 벼슬길에 오르지는 못해도 책은 읽을 수 있으니까요. "폐족에서 벗어나 청족이 되려면 오직 독서 한 가지 일뿐이다"라고 했지요. 청족은 대대로 절개와 의리를 숭상해온 집안을 뜻하는 말입니다.

또한 정약용은 자신이 계속해서 읽고 쓰는 일을 게을리하지 않는 이유도 밝히고 있습니다. 만일 자신이 지금의 생각을 남기지 않는다면 후세 사람들은 사헌부의 재판 기록만 보고 자신을 죄인 정약용으로 기억할 것이라는 거죠. 그래서 끊임없이 기록하겠다는 것입니다.

출세의 길이 막혔다고, 죄인이 되었다고, 폐족이 되었다고 자포자기하여 손 놓고 있지 않았습니다. 정약용은 형조에 기록된 몇 줄짜리 글로 평가받는 것을 거부하고 자신의 글을 남겨 후세의 평가를 받으려 했습니다.

저는 정약용의 편지글을 보고 팔에 소름이 좍 돋았습니다. '아, 정약용은 역사가 무엇인지 알았구나'라는 깨달음과 함께 감탄이 터졌습니다. 능력이나 성품도 그러하지만, 저는 정약용의 역사의식이 정말 존경스러워요. 정약용은 알고 있었습니다. 지금은 비록 죄인의 입장이지만 역사는 자신을 그렇게 기억하지 않으리라는 사실을 믿었습니다. 그래서 쓰고, 또 썼던 것입니다.

교과서를 한번 펼쳐보세요. 정약용이 어떤 사람으로 기록되어 있습니까? 죄인 정약용? 아닙니다. 조선 후기 실학을 집대성한 대학자로 기록되어 있어요. 그뿐이 아닙니다. 정약용이 남긴 수많은 저서는 현대에도 활발히 연구되며, 학자는 물론 일반인에게 존경받는 인물이 되었습니다. 정약용이 200년 전에 자신의 처지를 비관하며 아무 일도 하지 않았다면 결코 이루어질 수 없는 일이죠.

저는 인생의 고비를 만날 때마다 정약용의 남양주 생가로 가곤 합니다. 여유당 현판 아래에 앉아서 이런저런 생각을 해요. 역사 속 인물과 소통하면 지금 당장 닥친 문제를 조금 더 멀리서 바라볼 수 있게 되거든요. 역사라는 흐름 속에서 현재를 보게 되니까요. 마찬가지로 내 인생 전체에서 이 문제는 수

▲ 남양주에 있는 정약용 생가, 여유당

많은 고비 중 하나일 뿐이라는 생각이 들어요. 이 고난이 인생의 끝은 아니라는 사실을 인식하면 조급한 마음을 약간은 덜어낼 수 있어요.

정약용의 고민과 제 고민의 내용이 완전히 같지는 않겠지만, 핵심은 비슷할 거예요. 왜 이렇게 일이 잘 풀리지 않을까? 이 난관을 어떻게 헤쳐가야 할까?

그 답은 정약용의 삶에 있습니다. 정약용은 18년간 귀양살이를 했고, 고향으로 돌아와 다시 18년을 보낸 뒤에 세상을 떠났습니다. 때로는 비참하고 암담했을 것입니다. 하지만 폐족이 되었음을 한탄하거나 힘든 세월을 그냥 흘려보내지 않았습니다. 자신이 할 수 있는 일을 찾았고, 읽고 쓰는 일을 꾸준히 해나갔습니다. 그의 여생은 평화로워 보일지 모르나 어쩌면 삶의 마지막 투쟁이었을 겁니다. 역사를 알았기에 고난을 버티며 투쟁해나갈 수 있었던 것입니다.

정약용의 자식들은 아버지의 당부대로 살았습니다. 둘째 아들 정학유는 「농가월령가」라는 유명한 가사를 지어 그 시대의 풍속이 담긴 귀한 자료를 남겼습니다. 큰아들 정학연은 70세가 되어 벼슬을 얻었습니다. 그러면서 정약용의 집안은 드디어 폐족을 면하게 됩니다.

마지막으로 정약용이 자식들에게 당부했던 말을 전하며 이야기를 마칠까 합니다.

"진실로 너희들에게 바라노니, 항상 심기를 화평하게 가져 중요한 자리에 있는 사람들과 다름없이 하라. 하늘의 이치는 돌고 도는 것이라서, 한번 쓰러졌다 하여 결코 일어나지 못하는 것이 아니다."

누구의 주장이 옳고

그른가를 판단하는 일보다

선행되어야 할 일은

상대가 왜 그런 생각과 행동을 하게 되었는지를

헤아려보는 일입니다.

역사를 공부함으로써

서로의 시대를, 상황을, 입장을 알게 된다면

세상을 바라보는 우리의 관점도 달라질 것입니다.

[2장]

역사가 내게 가르쳐준 것들

약소국인 신라가
삼국통일의 주인공이 되기까지

혁신

스포츠 좋아하시나요? 저는 열렬한 야구팬인데요, 야구를 보다 보면 스포츠가 한 편의 드라마 같다는 생각을 많이 합니다. 영원한 승자도, 패자도 없을뿐더러 때로는 의외라고 할 만한 반전이 일어나기도 하니까요. 끝날 때까지 끝난 것이 아니라는 말이 딱 맞죠. 그런데 스포츠만큼 반전의 묘미를 주는 것이 또 있습니다. 그 어떤 것보다 극적인 반전으로 가득한 역사입니다.

우리나라 삼국시대만 봐도 그렇습니다. 고구려는 드넓은 영토와 강한 군사력을 자랑하던 나라였고, 백제는 일찍이 중앙집권체제를 갖추었을 뿐만 아니라 곡창지대에 위치한 덕분에 경제적으로나 문화적으로 융성한 나라였어요. 일본에도 많은 영향을 주었죠. 두 나라에 비하면 신라는 영토도 작고 발전도 늦었습니다. 하지만 삼국을 통일한 건 신라입니다. 가장 힘이 약했던 나라가 어떻게 최후의 승자가 되었을까요? 어떤 사람들은 당나라의 힘을 빌렸기 때문이라고도 하지만, 단지 그것만으로 이 반전을 설명할 수는 없습니다.

고구려, 백제, 신라는 차례로 전성기를 누렸습니다. 4세기 백제 근초고왕, 5세기 고구려 광개토태왕, 6세기 신라 진흥왕 이렇게 배웠던 기억이 있을 겁니다. 돌아가며 강세를 떨쳤던 삼국은 7세기에 마지막으로 자웅을 겨룹니다. 특히 642년은 아주 대단한 해였어요. 역사에 길이 남을 만한 해였죠.

우선 641년에 왕위에 오른 백제의 의자왕이 신라를 거칠게 몰아붙였습니다. 642년에 벌어진 대야성 전투에서 신라를 무릎 꿇리죠. 대야성이 어디냐 하면 백제와 신라 사이의 전략적 요충지입니다. 당시 백제의 수도가 부여였고, 신라의 수도가 경주였는데 대야성은 그 중간 관문이었어요. 지금의 합천 자리입니다. 대야성을 빼앗긴 신라는 치명타를 입은 거나 다름

없었지요. 그냥 내달리면 경주에 도착하거든요. 신라로서는 엄청난 위기였습니다.

백제는 기세를 몰아 40여 개의 신라 성을 추가로 함락했습니다. 안으로는 가뭄과 지진 등 자연재해가 연이어 일어났습니다. 한마디로 나라가 위태로운 시기였죠. 고민하던 신라는 200여 년 전에 자신들을 도와준 적이 있는 고구려에 도움을 청하기로 합니다. 400년에 왜가 신라에 쳐들어와 경주가 거의 무너질 지경에 이르렀을 때 고구려가 군대를 보내주었기 때문입니다. 도와달라는 신라의 요청에 고구려의 광개토태왕은 무려 5만여 명의 군대를 보내서 왜군을 다 쓸어버리고, 왜와 연합했던 가야도 초토화했습니다. 그러니까 이번에도 고구려에 도움을 청해보자 했던 것이죠. 당시 신라의 왕이었던 선덕여왕이 고구려에 사신을 보냈는데, 그 사신이 바로 훗날 태종무열왕이 되는 김춘추입니다.

642년은 신라뿐만 아니라 삼국 여기저기에서 엄청난 사건이 일어난 해입니다. 고구려에서는 연개소문이 쿠데타를 통해 권력을 잡은 사건이 벌어졌죠. 사신으로 간 김춘추는 연개소문에게 상황을 전하고 도움을 요청합니다. 그러나 연개소문은 예전에 신라가 고구려로부터 빼앗은 한강 유역의 땅을 돌려주면 군사를 보내겠다고 답합니다. 신라 입장에서 이것은 고려해볼 수도 없는 제안이었어요. 결국 신라는 진퇴양난의 상황에 처하게 되었습니다.

즉위 과정부터 순탄하지 않았던 선덕여왕은 위기를 느낄 수밖에 없었습니다. 그러나 그냥 무너지지 않았습니다. 해묵은 관습에 얽매이지 않고 접근법을 바꿔서 이 위기를 타개합니다. 말 그대로 혁신한 것이지요.

우선 선덕여왕은 다음 해에 탑을 짓습니다. 그러한 위기 상황에서 황룡사 9층 목탑을 지어 올리라고 명령을 내린 거예요. 선덕여왕에게는 무척 과감한 정치적 결단이었습니다. 많은 왕이 왕권 강화를 위해 토목 사업을 벌이지만 그때마다 원성도 자자했거든요. 나라 사정도 안 좋은 마당에 탑을 지었으니 선덕여왕도 어느 정도 부담을 안고 있었을 거예요. 게다가 황룡사 9층 목탑은 높이가 80미터 정도 되는 어마어마한 탑이었습니다. 80미터면 아파트 30층에 달하는 높이입니다. 그 규모를 상상하면 굉장하죠? 몽골 침입 때 황룡사가 불에 타지 않았다면 황룡사 9층 목탑은 현재 우리나라를 상징하는 건축물이 되었을 겁니다.

완성된 9층 목탑에는 층마다 신라를 괴롭힌 주변국들의 이름을 새겼다고 합니다. 1층부터 차례로 일본, 당, 오월, 탐라, 백제, 말갈, 거란, 여진, 고구려의 이름을 넣었어요. 탐라는 제

주도의 옛 이름입니다. 정말 작은 나라였는데 그런 나라까지도 신라를 괴롭혔으니 당시 신라의 입지가 얼마나 좁았는지 알 수 있지요.

왜 주변 나라의 이름을 탑에 새겼을까요? 한마디로 언젠가는 신라의 발아래 두겠다는 의지의 표현이었습니다. 비록 지금은 신라가 작은 나라지만 힘 있는 나라가 되겠다는 것이었죠. 현대에는 고층빌딩이 많지만 그때는 그런 게 없었잖아요. 황룡사 9층 목탑만 눈에 띄었겠지요. 경주 전역 어디에서나 볼 수 있었을 겁니다. 경주 사람들이 아침에 눈 뜨고 일어나 농사를 지으러 나가면 무엇이 가장 먼저 보였을까요? 황룡사 9층 목탑이었겠죠. 이것이 선덕여왕의 바람이었어요. 신라인들의 마음을 모으는 것. 우리도 강해질 수 있다는 비전을 신라인과 공유하는 것이죠.

혼자만의 비전은 몽상이나 망상으로 그칠 수 있지만, 함께 꾸는 꿈은 현실이 됩니다. 조직이 움직이려면 비전이 있어야 합니다. 분명한 상을 보여주고 그곳을 향해 같이 가자고 설득해야 해요. 선덕여왕은 그 비전과 꿈의 상징으로 황룡사 9층 목탑을 지은 겁니다. 실제로 선덕여왕은 이 탑을 완공한 뒤에 이렇게 선언합니다. "우리가 삼국의 주인공이 될 것이다." 이 꿈은 결국 이뤄지지요. 신라는 660년에 백제를 제압하고, 668

년에 고구려까지 물리칩니다. 가장 작고 힘없던 나라가 삼국의 주인공으로 우뚝 서게 된 것입니다.

저는 신라의 삼국통일, 그 발칙한 상상이 황룡사 9층 목탑에서 시작되었다고 생각합니다. 선덕여왕은 불가능해 보이는 꿈을 가슴에 품고, 황룡사 9층 목탑을 지었어요. 그렇게 꿈을 향해 한 발 내디딘 것이죠. 어디로 나아가야 할지 분명한 비전이 있었기에 혁신도 가능했습니다. 그저 지금 당장의 공격을 막아내는 데 급급했더라면, 또는 강국이 되어야겠다는 막연한 생각만 있었다면 혁신은 이루어지지 않았을 겁니다.

비전을 세웠으면 그 비전을 실행할 인재가 필요하겠죠? 신라의 삼국통일에 가장 큰 공을 세운 두 사람이 있어요. 김춘추와 김유신입니다. 이들은 원래 신라 조정의 비주류였습니다. 아웃사이더죠.

김춘추는 왕족이기는 했지만 할아버지가 폐위를 당해 어찌 보면 폐족이라고 할 수 있었어요. 게다가 앞에서 언급한 대야성의 성주가 김품석이라는 사람이었는데, 이 사람이 김춘추의 사위였습니다. 요충지를 빼앗긴 것만으로도 질타의 대상이 될 텐데, 사실 대야성 전투는 김품석 때문에 패배한 것이나 다름없었습니다. 김품석이 부하의 부인을 탐했고, 이를 원망하던 부하가 백제군과 내통한 것이 패전의 원인이 되었거든요. 김춘추도 그 전투로 딸을 잃은 슬픈 상황이었지만 사위의 잘못으로 중요한 성을 잃었으니 김춘추를 향한 반대파들의 정치 공세가 적지 않았습니다.

김유신은 사실 신라 출신이 아니라 가야 출신이었습니다. 금관가야 왕족의 후손이었어요. 광개토태왕이 신라의 요청으로 군대를 보냈을 때 왜와 손잡고 있던 금관가야도 크게 약화되었다고 했지요. 그 뒤에 결국 신라에 흡수되거든요. 김유신은 지배층으로 편입되긴 했지만 신라 사회에서는 차별을 받을 수밖에 없었습니다.

선덕여왕은 이처럼 비주류인 김춘추와 김유신을 등용합니다. 아무리 능력이 뛰어나도 타고난 신분의 한계를 극복하기 어려운 폐쇄적인 골품제 나라에서는 무척 놀랄 만한 사건이었습니다. 선덕여왕의 그런 행동이 이미 혁신이었어요. 김춘추와 김유신 같은 사람을 등용했기에 신라와 이웃하지 않은 나라인 당나라와 손을 잡는다는 새로운 발상도 가능했을 겁니다. 기존의 주류 세력이었다면 그런 생각을 하기 어려웠을 거예요.

물론 당나라와 손잡는 일은 쉽지 않았습니다. 당시는 당 태종 집권기였는데, 그는 많은 업적으로 지금도 중국인의 존경을 받고 있지만 작은 나라인 신라를 우습게 봤습니다. 선덕여왕에 대해서도 어떻게 여자 따위가 왕을 하냐며 모욕적인 발언을 하고 내가 여기 있는 당나라 남자 중에 똑똑한 사람을 뽑아서 보내줄 테니 그자를 왕으로 삼으라고 할 만큼 굉장히 무시했습니다. 신라와 손을 잡을 생각이 없었던 거지요.

그런데 645년에 고구려와 당나라 사이에 큰 싸움이 납니다. 당 태종이 642년 연개소문이 일으킨 쿠데타를 핑계로 고구려에 군대를 이끌고 쳐들어간 거예요. 고구려의 성을 차례로 함락시키던 당나라군은 마침내 안시성을 공격합니다. 안시성 전투는 3개월간 이어졌는데 안시성 성주와 백성들은 끝내 성문을 열지 않고 막강하기로 유명했던 당나라 대군을 물리칩니다. 그토록 칭송받던 당 태종도 안시성 앞에서 와르르 무너져버렸습니다. 아주 혼비백산해서 도망을 갔거든요. 당 태종 본인도 아마 큰 충격에 빠졌을 겁니다. 그만큼 당나라 입장에서는 쓰라린 패배였죠.

신라는 고구려와 당나라의 싸움을 지켜보았습니다. '우리를 그렇게 무시하더니 고구려한테 졌네?' 하면서 당나라의 패배 원인이 뭘까 살펴보니 바로 보급로 때문이었습니다. 제아무리 강하다고 한들 수십만이나 되는 대군이 먹을 식량이 없으면 어떻게 되겠어요? 제대로 싸우기는커녕 떼로 굶어 죽는 거잖아요. 전쟁을 하려면 우선 보급로를 안정적으로 확보하는 것이 중요한 이유입니다. 쓰디쓴 패배의 원인인 보급로 문제를 신라가 해결해주겠다고 나서자 그 뻣뻣했던 당나라가 드디어 제안을 받아들입니다. 이렇게 나당연합이 시작된 것이죠. 신라는 무시당하면서도 매의 눈으로 틈을 엿보다 기회를 낚아챘습니다.

660년에 당나라가 대군을 파견했고, 같은 해에 김춘추는 의자왕의 항복을 받아냈습니다. 갑자기 밀려드는 나당연합군을 막지 못한 백제는 멸망합니다. 김춘추는 다음 해에 죽고 말지만 668년 고구려가 멸망하면서 삼국통일의 주인공은 신라가 됩니다. 선덕여왕이 세웠던 비전대로 가장 약하고 힘없는 나라인 신라가 최후의 승리자가 된 것이죠.

제가 학교에 있을 때 느낀 것 중 하나가 본인이 속한 집단 안으로 시야를 좁히면 쉽게 불행해진다는 것입니다. 학창시절을 떠올려보세요. 학교라는 공간에서는 공부를 잘하는 아이들이 주목을 받습니다. 우리나라에서는 중고등학교가 대학입시 위주로 운영되기 때문이죠. 그래서 성적이 좋지 않은 학생들은 스스로가 못났다며 자책하는 경우가 많습니다. 학생에게는 학교가 세상의 전부니까, 거기서 빛을 보지 못하면 영영 패배자가 될 것만 같은 생각이 드는 것이죠.

하지만 어디 인생이 그렇습니까? 야구 경기에서 한 이닝이

종료하면 다음 회가 시작하듯 인생의 다음 단계로 넘어갈 때마다 매번 게임은 다시 시작됩니다. 사회에서는 학교와 다른 기준이 적용되죠. 혼자 똑똑한 사람보다는 소통을 잘하고 협력을 잘하는 사람이 원만한 사회생활을 하고 성과를 내지요. 저 역시 제자들을 통해서 그런 경우를 참 많이 보았습니다.

비단 학생들만 그런 것은 아닐 겁니다. 직장인도 조직에서 좋은 성과를 내지 못하면 불안하고 초조해지기 마련이니까요. 하지만 지금 내가 처한 현실이 삶의 전부라고 섣불리 결론 내리지 않으면 좋겠습니다. 인생은 끝날 때까지 끝난 게 아니니까 말이죠.

앞이 보이지 않는 위기에 부딪힌다면 642년의 신라를 떠올려봅시다. 그리고 그들의 생각과 결정의 흐름을 따라가는 거예요. 가장 먼저 비전을 세워야겠죠? 위기를 극복하는 것뿐 아니라 최종적으로 자신이 무엇을 바라보고 나아가야 할지 그 목표를 정해보는 겁니다. 선덕여왕이 황룡사 9층 목탑을 세웠듯이 말이죠. 어쩌면 지금이 혁신의 적기일지 모릅니다. 새로운 시선으로 나와 내 주위를 바라보고, 새로운 첫걸음을 떼야 하는 때가 온 것이죠. 위기를 기회로 만드는 발상의 전환이 우리가 써 내려가는 인생 드라마에 최고의 반전이 되어줄 것입니다.

태양의 나라 잉카제국은
왜 멸망했는가

성찰

    몇 달 전, 페루에 다녀왔습니다. 잉카 문명의 흔적과 마추픽추를 두 눈으로 직접 보고 오겠다며 야심 차게 떠났는데 공항에 도착하자마자 집에 가고 싶어졌어요. 잉카제국의 수도였던 쿠스코가 해발 3400미터에 위치한 도시라 고산병에 걸려버린 겁니다. 마추픽추를 보러 가기도 전에 이미 숙소에서 뻗어버렸어요. 고산병이라는 게 심장과 폐가 다 쪼그라드는 것 같은 느낌을 주더군요. 숨을 들이쉴 수가 없었습니다. 숨을 쉬기 어려우니까 산소도 공급이 안 될 테고, 그래서인지 머리가 터질 것 같고 손발이 저리기 시작했습니다. 고통스러워서 잠을 자기 어려웠어요.

밤새 헉헉거리다가 여기서 죽을 수는 없다 싶어서 새벽 2시에 숙소 프런트로 내려갔습니다. 직원에게 마추픽추고 뭐고 난 내려가야겠으니 가장 빨리 내려갈 수 있는 길을 찾아달라고 했습니다. 그랬더니 하는 말이, 두 시간 정도 가면 고도가 좀 내려간다는 거예요. 얼마나 낮아지냐고 물었더니 3100미터랍니다. 장난하나 싶었죠. 난 못 간다, 죽을 것 같다면서 고통을 호소했더니 그제야 제 상태가 심각해 보였는지 산소호흡기를 주더라고요. 그걸 딱 대니까, 사막에서 오아시스를 발견한 것처럼 살 것 같더라고요. 산소가 얼마나 고마운 건지 그때 알았습니다.

호흡기로 위기의 밤을 보내고 나니 조금 살 만해지더군요. 산소가 들어가고 몸이 서서히 고도에 적응해서 그런 것 같아요. 몸이 나아지자 그제야 도시 곳곳이 눈에 들어왔습니다.

제일 먼저 감탄했던 것은 12각 돌입니다. 잉카인들은 돌과 돌을 끼워 맞춰서 건물을 지었습니다. 석조 건축 문화였지요. 그런데 그 벽을 보면 돌과 돌 사이에 종이 한 장 들어갈 틈이 없어요. 12각 돌도 12개의 모서리가 주변의 돌과 아주 정교하게 맞닿아 있습니다. 저마다 다른 모양의 돌을 완벽하게 끼워 놓았더라고요. 돌 다루는 기술이 혀를 내두를 정도입니다. 포털 사이트에서 검색해보면 사진을 볼 수 있습니다. 직접 보면 더 좋겠지만 고산병 때문에 함부로 추천을 못 하겠어요. 사진이나 영상으로 보는 방법도 괜찮습니다.

'모라이moray'도 탄성을 자아냈습니다. 모라이는 쉽게 말해서 계단식 논 같은 것인데, 로마의 원형경기장처럼 되어 있어요. 바깥쪽에서 가운데로 갈수록 낮아지는 거죠. 그런데 각 층마다 온도가 달라요. 안쪽의 가장 깊은 곳은 햇빛을 직접 받는 곳이고, 한 층씩 올라갈 때마다 온도가 조금씩 떨어집니다. 그래서 각 층에 그 온도에 맞는 작물을 재배하는 거예요. 가장 높은 곳에는 감자를, 가장 낮은 곳에는 옥수수를 심었다고 해요. 농업기술도 발달해 있었다는 뜻입니다.

그런 길을 지나서 공중도시 마추픽추에 도착하면 그 신비로운 풍경이 과학적인 설계가 있어야만 가능하다는 것을 깨닫게 됩니다. 왜 그런 공중도시를 건설했는지 아직까지 밝혀지지 않았지만 그들이 남긴 문화유산을 보면 고도로 문명이 발달한 나라인 것만은 분명합니다.

'잉카 문명'이라고 하니까 굉장히 오래전 이야기 같지만 그렇지 않아요. 1438년에 건국되어 1534년에 멸망했으니까요.

우리나라 역사와 비교하면 조선 왕조 초기와 동시대입니다. 어쨌거나 잉카제국의 유산을 보고 나면 이런 생각이 듭니다. '이렇게 잘나가던 나라가 왜 100년 만에 망했지?'

잉카제국을 무너뜨린 사람은 프란시스코 피사로Francisco Pizarro입니다. 대항해시대에 새로운 땅을 발견하고 그곳을 정복했던 인물 중 하나지요. 당시에는 그런 사람이 무척 많았어요. 콜럼버스가 황금이 가득한 신대륙을 찾았다는 소문이 퍼지자 너도나도 금을 찾아 떠났던 거예요. 그래서 새로운 땅에 도착하면 금을 찾겠다면서 현지인을 약탈했습니다.

이런 무자비한 정복자들 때문에 아메리카 대륙에 있던 나라는 차례로 무너졌습니다. 멕시코의 아즈텍제국이 먼저 멸망했고, 그다음에는 페루의 잉카제국이 몰락했지요. 아즈텍제국을 무너뜨린 사람은 에르난 코르테스Hernán Cortés, 바로 피사로의 친척이었습니다. 피사로는 10여 년 전에 먼저 떠난 코르테스처럼 '엘도라도', 즉 황금의 땅을 찾아 나섰던 겁니다.

피사로와 그 무리들은 남쪽 어딘가에 황금이 많은 땅이 있다는 정보를 듣고 무작정 떠납니다. 그러나 순탄치 않았어요. 사람들이 힘들어서 도저히 못 가겠다면서 집으로 돌아가기를 원했기 때문입니다. 아마도 저처럼 고산병에 시달렸던 것 같아요. 이때 피사로가 나섭니다. 땅에 선을 하나 딱 그어요. 그리고 이야기합니다. "북쪽에는 안정과 가난이, 남쪽에는 황금과 죽음이 있다. 나와 함께할 사람은 이 선의 남쪽에 남아라!" 피사로의 말에 딱 13명이 남습니다. 그들만이 계속 가겠다며 버텼고, 이후 스페인 왕실의 지원을 받아 병사 180여 명과 말 30여 마리를 끌고 페루로 원정을 떠납니다.

피사로는 친척이자 선배이기도 한 코르테스의 사례를 꼼꼼하게 분석했습니다. 코르테스는 고작 1000여 명의 병력으로 아즈텍이라는 큰 나라를 무너뜨리고 멕시코를 세웠지요. 그럴 수 있었던 이유는 아즈텍제국의 왕을 사로잡고 아즈텍에 앙심을 품고 있던 부족들을 포섭했기 때문입니다. 피사로는 자신도 코르테스처럼 할 수 있다고 믿었습니다. 믿음이 없었다면 180여 명의 군사로 인구 600만에 8만 병력을 가진 잉카제국을 상대할 생각을 하지 않았을 것입니다.

피사로는 잉카제국의 황제 아타우알파Atahualpa에게 자신을 보러올 것을 청합니다. 왕을 위해서 우리가 잔치를 열 테니 참석해달라고 말이죠. 이때 피사로가 선택한 장소는 페루 카하마르카라는 도시의 광장이었습니다. 광장은 삼면이 200미터 정도 높이의 담장으로 둘러싸여 있고 한쪽만 열려 있는 특이한 구조입니다. 병력이 열세하니 전략적으로 장소를 선택한 것입니다. 잉카제국의 정규군만 8만 명인데 180명이 싸워서 이길 수가 없잖아요. 그래서 대군이 들어오지 못하는 장소를 선택한 거예요. 이순신 장군이 단 12척의 배로 그보다 10배나 많은 적선을 물리치기 위해 폭이 좁고 물살이 빠른 울돌목을 택한 것처럼 말이죠.

아타우알파가 피사로의 초대에 응했을까요? 왕은 수락합니다. 수만의 군대가 있었으니 두렵지 않았던 거예요. 아마 조금도 긴장하지 않고 '이 특이하게 생긴 애들은 뭐지?' 하는 호기심으로 응했을 겁니다.

다음 날 아타우알파가 도착하자 피사로의 무리 중 수도사가 성경책을 들고나왔습니다. 그리고 스페인 국왕의 조서를 읽기 시작합니다. 이게 무슨 내용이냐 하면 서양 열강들이 다른 땅에 쳐들어가면서 꼭 했던 주장인데, 미개한 원주민들에게 기독교를 전해 교화시킨다는 내용이었어요. 아타우알파는 별 흥미가 없었겠지요. 잉카제국에는 문자가 없었기 때문에 책이란 게 무엇인지도 몰랐을 겁니다. 신기해했던 것도 잠시, 잉카의 황제는 성경책을 바닥에 던져버립니다. 분위기가 순식간에 안 좋아졌어요. 수도사는 화를 내며 용서할 수 없다고 외쳤고, 그 외침을 신호로 전투가 시작됐습니다.

'탕탕' 총소리가 들리자 잉카인들은 엄청나게 놀랍니다. 피사로의 군대가 가진 무기는 총과 대포, 그리고 말이었어요. 세가지 모두 잉카제국에는 없는 것이었습니다. 총이 뭔지도 몰랐으니 총알이 발사되는 소리도 처음 들었겠죠. 얼마나 무서웠겠어요. 총이 아니라 총소리만으로 공포에 사로잡혔어요. 깜짝 놀라 엎드려 있는데 이제 기마병들이 말을 탄 채 그 사이를 헤집고 다니는 거예요. 잉카인들의 눈에는 탱크처럼 보였을 겁니다. 상황이 이러니 다들 벌벌 떨다가 혼비백산해서 도망갈 수밖에요. 대군을 이끌고 온 아타우알파는 이 과정에서 별 저항도 못 하고 생포됩니다. 전투는 너무나 허무하게 끝났습니다.

붙잡힌 아타우알파는 스페인 사람들의 진짜 목적을 알게 됩니다. 선교가 아니라 금은보화라는 것을요. 그래서 제안하죠. 자신이 갇혀 있던 방을 금과 은으로 가득 채워 줄 테니 그만 풀어달라고 말입니다. 아타우알파가 갇혀 있던 곳의 크기는 가로 6.7미터, 세로 5.2미터, 높이 2.4미터였어요. 그 큰 방을 채우려다 보니 잉카 각지에서 금과 은을 털어왔어야 했죠. 방 안 가득 채운 금은을 스페인 사람들은 모조리 녹여 나누어 가졌습니다. 그 양이 금 6087킬로그램, 은 1만 1793킬로그램이라고 하니 어마어마하죠? 그러나 약속을 지킨 잉카의 황제를 기다리고 있는 것은 죽음이었습니다.

태양의 나라 잉카는 이렇게 멸망의 길에 들어섭니다. 약

180명의 군사에 제국이 무너진 것은 피사로의 치밀함도 한몫했지만 잉카 황제 아타우알파의 오만과 무지가 결정적이었습니다.

아타우알파는 적에 대해 몰라도 너무 모르고 있었어요. 모를 뿐만 아니라 상대에 대해 알아볼 생각도 전혀 없었죠. 그저 '나에게는 수만의 군대가 있다, 나는 태양의 신이다, 우리는 주변 부족과 싸워 항상 이겼다, 우리는 최강이다'라는 생각에 파묻혀 있었을 겁니다. 아타우알파는 관성에 따라 늘 하던 대로 사고하고 늘 하던 대로 행동했습니다. 그 안일함에 오랜 시간 쌓아온 문명이 한순간에 와르르 무너진 것은 아닐까요?

관성이란 참으로 무섭습니다. 연개소문의 경우도 마찬가지예요. 개인의 능력만으로 따지자면 연개소문은 분명 뛰어난 인물입니다. 연개소문은 신흥 귀족 출신이에요. 말 그대로 새로운 세력이다 보니 이미 권세를 누리고 있던 구舊 귀족들에게는 탐탁지 않은 존재였습니다. 구 귀족들은 연개소문을 천리장성 축조 감독자로 임명해 천리장성으로 가는 길목에서 그를 죽이기로 모의합니다. 그런데 연개소문이 이를 눈치채

▲ 루이스 몬테로, 「아타우알파의 장례식」, 1867, 리마미술관 소장 작품

고 자신이 먼저 그들을 치기로 결심합니다.

642년 연개소문은 천리장성 축조 감독자로 떠나기 전에 연회를 열겠다면서 왕과 귀족들을 초대했습니다. 모두를 한자리에 모으기 위한 함정이었죠. 연개소문의 신호가 떨어지자 탁자 밑에 숨어 있던 병사들이 튀어나와서 그곳에 있던 100여 명의 귀족을 모조리 죽입니다. 왕도 토막을 내서 시궁창에 버렸다는 이야기가 『삼국사기』에 실릴 정도로 연개소문은 잔인하기로 유명했습니다.

정권을 잡은 뒤에도 고구려를 강력하게 통제했지요. 그에 대한 평가는 많이 엇갈립니다. 교과서에는 당나라군을 여러 번 물리쳐 고구려를 지킨 용맹한 인물로 묘사되고 있지만 역적이자 독재자로 보는 시각도 있습니다.

어쨌든 그가 권력을 휘두르던 당시 고구려는 분명 강대한 나라였습니다. 중국도 함부로 건드리지 못했어요. 고구려는 이미 수나라의 대군을 세 차례나 물리친 경험이 있었습니다. 중국 대륙을 통일했던 수나라는 고구려에 패한 뒤 힘을 쓰지 못하다가 짧은 역사를 남긴 채 망해버립니다. 수나라의 뒤를 이어 세워진 당나라 역시 당 태종이 군사를 이끌고 쳐들어 왔다가 안시성에서 혼쭐이 났어요. 주변에서도 인정하는 강한 나라가 고구려였습니다.

그런데 이 때문에 연개소문도 안일해졌나 봅니다. 고구려는 강하며, 지금까지 이겨왔고, 앞으로도 그러리라고 생각했겠지요. 앞에서 이야기했듯이 642년에 김춘추가 제안했던 신라와의 동맹을 거절한 것도 신라는 신경 쓸 것 없다는 오만 때문이었습니다. 당나라와 관계가 계속해서 나빠졌음에도 그 두 나라가 손을 잡을 가능성은 염두에 두지 못했던 거죠.

연개소문은 자신의 힘을 과신한 나머지 정세의 변화를 읽는 일에 소홀했습니다. 삼국의 격전지였던 한강 유역의 땅을 떠올리고 김춘추에게 그 땅을 다시 돌려달라고 요구했던 것 또한 이전부터 이어져 온 그대로, 관성에 따라 사고한 것이죠. 힘없는 신라가 위기 속에서 주변국들을 정복하겠다는 비전을 세우고 있을 때, 연개소문은 고구려 내에서의 권력을 유지하기 위해 애썼습니다. 그 결과 본인은 권력을 유지했지만, 고구려는 그가 죽자마자 분열되기 시작했습니다. 귀족들끼리 분쟁이 일어나고, 연개소문의 아들들은 서로 싸우기 바빴지요. 고구려의 국세는 빠르게 기울다가 668년에 역사의 뒤안길로 사라지게 됩니다.

그 어떤 고구려인도 고구려가 그처럼 쉽게 멸망할 줄은 몰랐을 겁니다. 아들들에게 서로 싸우지 말라는 유언을 남겼던 연개소문 또한, 나라가 분열될까 봐 걱정했을지언정 완전히 사라져버리라고는 예상하지 못했을 거예요. 아타우알파가 스페인 사람들에게 나라를 빼앗길 것이라고 생각하지 못했던 것처럼 말입니다.

역사를 공부하다 보면 다른 무엇보다 자기 자신을 돌아보고 점검하게 됩니다. 그리고 겸손을 배우죠. 역사는 사람뿐만 아니라 실제로 존재했던 나라의 흥망성쇠를 들여다보는 것이기도 합니다. 가만히 보고 있으면 가끔은 허무하다는 생각이 들어요. 천하를 호령하던 인물이 쓸쓸하고 비참하게 죽는가 하면, 사방으로 위세를 떨치던 대제국이 한순간에 지도에서 사라져버리기도 하니까요. 역사에서 이런 일은 너무나 비일비재합니다.

그렇기 때문에 누구나 시시때때로 자신을 돌아봐야 합니다. 역사를 통해서 자신의 위치를 돌아볼 줄 알아야 합니다. 일이 잘 풀리지 않을 때는 물론이고 순항하고 있을 때도 그렇습니다. 지금 정말 괜찮은가? 그냥 되는 대로 흘러가고 있는 건 아닐까? 무언가 잘못된 건 없을까? 내가 원하는 방향으로 가고 있는 게 맞을까? 자꾸 물어봐야 해요. 스스로에게 질문하는 것을 멈추면 그저 관성에 따라 선택하고 관성에 따라 살게 됩니다.

역사는 그 어느 것도 영원할 수 없음을 알려줍니다. 그때는 맞았던 것이 지금은 틀릴 수도 있어요. 과거의 영광에 기대어, 자신의 성공에 도취되어 현재를 점검하지 않으면 잉카의 마지막 황제나 연개소문과 같은 실수를 하기 마련입니다. 그것이 바로 우리에게 끊임없는 성찰이 필요한 이유입니다.

세상을 바꾸는
생각의 조건

창조

과학 기술의 발달로 여러 분야에서 인공지능이 인간의 역할을 대신할 거라는 전망, 들어보셨죠? 저는 아직도 이런 이야기가 공상과학소설처럼 느껴지는데 아주 먼 이야기는 아닌 것 같습니다. 바둑만큼은 절대 인간이 지지 않을 거란 믿음도 이세돌 9단을 이긴 알파고의 등장으로 옛날이야기가 되어버렸죠. 스스로 운전하는 자동차나 가상현실 게임 등 영화에서나 등장했던 것들이 이미 구현되고 있습니다.

세상이 빠르게 변할수록 '창의융합형' 인재가 필요하다고 하더군요. 창의적인 문제 해결에 필요한 전문 지식과 독창적인 사고력을 갖춘 인재 말입니다. 단순히 아는 것만 많아서는 안 되고 남들과 다른 생각으로 다양한 지식을 융합할 줄 아는, 그래서 새로운 가치를 창출할 수 있는 사람이 필요하다는 뜻입니다. 이렇게 설명하면 사실 감이 잘 오지 않습니다. 설명하는 저도 유니콘 같은 상상 속의 동물을 말하는 것만 같아요. 창의융합형 인재라고 할 만한 사람을 예로 들어야 '아, 이런 사람을 말하는 거구나!' 하고 이해할 수 있을 것 같습니다. 알파고를 통해 인공지능의 개념을 알게 되는 것처럼 말이죠.

역사에도 창의융합형 인재라고 할 만한 사람이 많습니다. 미래 사회가 바라는 21세기형 인재라고는 하지만, 지식을 융합해서 새로운 가치를 창출해낸 사람은 어느 시대 어느 사회에서나 돋보였기 때문이죠.

저는 그 대표적인 인물로 구텐베르크를 꼽고 싶어요. 구텐베르크는 금속활자를 이용해 인쇄기를 발명한 사람입니다. 역사상 최초로 대량 인쇄 기술을 개발했지요. 그러나 그가 세계 최초로 금속활자를 인쇄한 것은 아닙니다. 현존하는 가장 오래된 금속활자 인쇄물은 우리나라의 『직지심체요절』이거든요. 고려시대 청주 흥덕사라는 절에서 찍어낸 것이죠. 『직지심체요절』이 발견되기 전까지만 해도 구텐베르크가 찍어낸 성서가 가장 오래된 금속활자본으로 알려져 있었습니다. 뒤늦게 발견된『직지심체요절』은 그보다 78년이나 앞섰어요. 고려인들이 구텐베르크보다 훨씬 먼저 금속활자를 만들어 사용했던 것입니다.

그러나 인쇄술이 발전한 곳은 동양이 아니라 서양이었습니다. 왜 우리는 약 80년이나 앞서 이런 기술을 가지고 있었는데도 발전시키지 못했을까요? 고려시대의 금속활자와 구텐베르크의 금속활자는 그 쓰임이 다르기 때문입니다. 고려에서 금속활자를 이용해 찍은 책은 귀족을 위한 불교 서적 정도였습니다. 금속활자로 글자를 찍어내는 기술은 분명 고려가 빨랐지만, 고려에서 대량으로 인쇄할 수 있는 기술을 개발한 것은 아니었습니다. 그럴 필요가 없었던 거죠. 자기들끼리만 보면 되니까요.

구텐베르크의 인쇄기는 이와 다릅니다. 많이, 빨리 찍어내기 위해 만든 기술이에요. 대량 인쇄를 하면 돈이 될 것 같았기 때문이죠. 구텐베르크의 인쇄술이 대량 인쇄를 할 수 있었던 가장 결정적인 이유는 '프레스press'입니다. 프레스는 포도주나 올리브유를 만들기 위해 열매의 즙을 짜는 압착기를 말합니다. 구텐베르크는 여기서 영감을 얻습니다. 좀 더 빠르고 편리하게 글자를 찍는 기계에 딱 맞는 기술이었죠.

금속활자는 구텐베르크가 조폐국에서 일할 때 금화나 은화에 문양을 새기는 것을 보고 아이디어를 가져왔다고 알려져 있고, 인쇄에 필요한 종이는 이미 중국에서 발명되어 있었습니다. 중국의 제지 기술이 세계 각지에 전해지면서 유럽에서도 종이를 만들어 사용했어요. 구텐베르크 인쇄기를 보면 새롭게 발명된 기술은 하나도 없습니다. 모두 이미 존재하고 있던 기술이었죠. 금속활자와 프레스기, 종이를 응용한 것이 구텐베르크의 인쇄술입니다. 알고 보면 창조가 아니라 조합이에요. 하지만, 달리 보면 조합을 통한 창조이기도 합니다.

창조라고 하면 사람들은 대부분 무에서 유를 만들어내는 것을 생각합니다. 그러나 이미 있는 물건이나 기술의 새로운 쓸모를 발견하는 것도 창조예요. 구텐베르크가 금속활자를 최초로 발명하진 못했지만, 그의 인쇄기는 인쇄 역사뿐 아니라 중세 유럽의 역사마저 바꿨습니다. 그 영향력은 실로 어마어마했어요.

구텐베르크가 자신의 인쇄기로 가장 먼저 인쇄한 책은 바로 성경입니다. 『구텐베르크 42행 성서』가 대량으로 찍혀 나오자 유럽의 질서는 통째로 흔들리게 됩니다. 이전에는 책을 그렇게 빨리 만들어낼 수 없었어요. 한 권의 책을 여러 권으로 만들기 위해서는 손으로 일일이 베껴서 써야 했습니다. 당연히 그 값도 비쌌고 왕족과 귀족, 종교인이나 책을 소유할 수 있었겠지요. 이 말은 곧, 지식이 상류층의 전유물이었다는 뜻입니다. 특히 성경처럼 그 내용이 방대한 책은 베껴 쓰기도 힘들고, 그렇게 만든다고 해도 심하게 비쌌어요. 게다가 라틴어로 되어 있었으니 일반인은 읽을 수도 없었습니다. 성경 말씀은 종교인을 통해서나 들을 수 있는 것이었죠.

교회는 자기들이 원하는 대로 성경을 해석하기도 하고, 왕실과 결탁해 기존의 질서를 유지하는 데 성경 말씀을 이용하기도 했습니다. 심지어 교회에서 면벌부라는 걸 팔았어요. 죄를 지어도 면벌부를 사면 벌을 면할 수 있다고 홍보했으니 종교계가 얼마나 썩었는지 알 수 있는 부분이죠.

구텐베르크 인쇄술의 덕을 가장 톡톡히 본 것은 마르틴 루터Martin Luther의 종교개혁입니다. 종교개혁은 구텐베르크가 죽은 지 약 50년이 되었을 때 발생하는데 그동안 인쇄술이 크게 발전해 있었습니다. 덕분에 루터가 교회를 비판한 95개조의 반박문이 대량 인쇄되어 널리 퍼졌습니다. 그뿐만 아니라 그와 뜻을 함께하는 종교인들이 라틴어로 된 성경을 여러 나라의 말로 번역하기 시작했습니다. 번역 성경도 인쇄소의 단골손님이 되었죠. 이제 누구나 성경을 읽을 수 있게 되었어요.

소수가 지식을 독점하던 시대가 끝난 것이죠. 이는 인류에게 천지개벽과도 같은 일입니다.

구텐베르크가 인쇄기를 발명한 후 이전과는 비교도 안 될 만큼 많은 양의 책이 쏟아져 나왔습니다. 사람들이 얻을 수 있는 정보의 양이 비약적으로 증가했습니다. 누구나 책을 읽으며 공부하고 사고하고 연구할 수 있게 되었어요. 철학, 의학, 과학 등 여러 분야에서 뒤처져 있던 유럽이 수많은 학자를 배출해내며 앞서나갈 수 있게 된 것 또한 인쇄술 덕분이라고 할 수 있습니다.

구텐베르크는 자신이 인류사에 그토록 큰 영향을 끼칠 줄은 몰랐을 겁니다. 그가 과연 세상을 바꾸려고 했을까요? 아니면 세상이 그처럼 바뀔 거라고 생각했을까요? 아마 그렇지는 않을 거예요. 그저 많은 사람이 원하는 무언가를 만들어서 돈을 벌고 싶다는 생각을 했겠죠. 그 과정에서 소수가 점유하던 것을 대중에게 널리 퍼뜨리게 된 것입니다.

저는 정보 공유의 역사에 두 번의 변혁이 있었다고 생각합니다. 첫 번째는 앞서 언급한 구텐베르크 인쇄기고, 두 번째는 스티브 잡스의 아이폰입니다. 한 사람이 얻을 수 있고 다룰 수 있는 정보량은 인쇄기 이전과 이후, 그리고 스마트폰 이전과 이후로 나눌 수 있을 거예요. 스마트폰 하나에 담기는 정보의 양은 책과 비교할 수가 없으니까요.

　아이폰 말고도 스마트폰은 많습니다. 하지만 저는 초기 아이폰 광고를 보면서 굉장히 신선하다고 느꼈어요. 다른 스마트폰 광고와 달랐거든요. 광고만 봐도 그 지향점이 다르다는 걸 알 수 있습니다. 대부분의 기업은 우리가 최고의 기술을 가지고 있다는 걸 보여줘요. 액정이 어떻고, 기능이 어떻다는 걸 설명합니다. 그런데 아이폰 광고는 그렇지 않더라고요. 아이폰의 기술이 사람들의 생활을 어떻게 바꿀지 보여줍니다. 이걸 누르면 당신의 아침이 달라질 것이고, 이 기능을 통해 멀리 떨어져 그리워하던 사람과 얼굴을 보며 통화할 수 있고……이런 내용이에요. 이게 바로 철학 아닐까요? 마치 기술 자체가 아니라 당신의 삶을 어떻게 하면 좋게 변화시킬지 연구하는 것처럼 보이게 하잖아요.

　창조에 관해 이야기하자면 빼놓을 수 없는 것이 또 있습니다. 바로 세종대왕이 만든 한글입니다. 세종대왕은 참 대단한 분입니다. 한글을 만든 목적부터가 '민본'이에요. 백성들을 위해 만든 거지요. '훈민정음'의 뜻은 '백성을 가르치는 바른

소리' 입니다. 『훈민정음 언해본』 서문을 보면 이렇게 나오죠. "나랏말싸미 듕귁에 달아……." 그걸 해석하면 이래요. 우리 나라 말이 중국과 달라서 말과 문자가 서로 맞지 않기 때문에 백성들이 하고 싶은 말이 있어도 자기 뜻을 제대로 드러내지 못하는 경우가 많다. 그게 안타까워서 새로 글자를 만들었으니 쉽게 익혀서 편하게 쓰라는 겁니다.

세종대왕의 한글 창제는 엄청난 일이에요. 판도라의 상자를 연 것이나 다름없습니다. 까막눈이었던 백성이 글을 읽고 쓸 수 있게 되었으니 말이죠. 그 파장은 엄청납니다. 지식의 독점은 소수가 다수를 지배하기 위한 장치입니다. 서양의 지식인들이 라틴어로 자기들끼리 지식을 독점했듯이 우리나라도 마찬가지였어요. 조선시대에 대부분의 일반 백성은 글을 읽고 쓸 수가 없었습니다. 공부는 먹고사는 걱정에서 해방된 양반들이나 할 수 있었어요.

지배층은 피지배층이 공부하는 것을 원하지 않습니다. 억압된 자들이 똑똑해지는 순간 이 상황이 무언가 잘못되었다는 것을 깨달을 테고, 그것을 바꾸려 할 거 아녜요? 그럼 자기들이 골치 아파지잖아요. 그래서 상민이나 여자는 공부를 시키지 않았던 거예요. 그냥 순응해서 살길 바랐으니까요.

그런데 한글이 반포된 지 3년 만에 한글 벽서가 붙습니다.

어느 정승을 비판하는 내용이었어요. 이건 그전에는 상상할 수 없었던 사건이에요. 사극을 보면 벽서 앞에서 사람들이 모여 웅성거리잖아요. 그 사람들 마음이 어떻겠어요? 문제의식을 느끼겠죠? 그저 순응하고 살아가던 사람도 그런 글을 자꾸 접하면 새로운 게 보이고 몰랐던 것을 깨닫게 됩니다. 사람들이 사회의 모순을 깨닫고 문제의식을 공유할 때 세상이 변할 수 있어요. 지식을 쌓고 정보를 나누기 때문에 가능해지는 일입니다.

한글은 백성들이 자신의 뜻을 펼치는 계기가 되었을 뿐 아니라 일상적인 의사소통을 하는 데도 큰 도움을 주었습니다. 조금 가슴 아픈 이야기지만 편지 한 통의 이야기를 해볼게요. 1998년 4월 안동에서 조선시대 편지 한 통이 발굴됩니다. 지금으로부터 무려 400년 전인 1586년에 쓰인 편지인데 보존이 정말 잘되어 있어 그 내용을 어렵지 않게 알아볼 수 있었습니다.

한글로 쓰인 이 편지에는 사랑하는 남편을 먼저 떠나보내는 아내의 슬픔과 사랑이 고스란히 담겨 있었습니다. 편지의 주인공은 31살의 이응태. 그는 어린 아들과 임신한 아내를 두고 병에 걸려 먼저 세상을 떠나고 말았습니다. 홀로 남은 아내의 마음은 어땠을까요? 장례식을 앞두고 아내는 붓을 꺼내 '원이 아버님께 올림-병술년 유월 초하룻날'이라고 시작하는 편지를 씁니다.

> 당신 늘 나에게 말하기를 둘이 머리 희어지도록
>
> 살다가 함께 죽자고 하셨지요.
>
> 그런데 어찌 나를 두고 당신 먼저 가십니까?
>
> 나와 어린아이는 누구의 말을 듣고
>
> 어떻게 살라고 당신 먼저 가십니까?
>
> (중략)
>
> 당신을 향한 마음, 이승에서 잊을 수 없고
>
> 서러운 뜻도 끝이 없습니다.
>
> 내 마음 어디에 두고 자식 데리고 당신을 그리워하며
>
> 살 수 있을까 생각합니다.

절절한 아내의 마음이 전해지지 않나요? 저는 이 글을 보면서 이런 생각이 들었습니다. 한글이 없었다면 일반 백성끼리는 편지 한 장 주고받을 수 없었겠구나. 너무나 당연한 일들이 그전에는 불가능했던 것이지요. 모든 사람이 마음을 전할 수 있는 수단이 생겼다는 건 혁명적인 사건입니다. 남편에게 보내는 편지처럼 개인적인 일부터 벽서와 같은 사회적인 일까

지 혁신적인 변화를 가져온 겁니다.

최초의 기술이나 최고의 기술보다 더욱 중요한 것은 영향력입니다. 구텐베르크의 인쇄기, 아이폰, 한글의 공통점은 존재하는지도 몰랐던 대중의 욕구를 발견해 충족시켰다는 것입니다. 많은 사람이 보다 쉽게 소통할 수 있게 해주었죠. 구텐베르크의 인쇄술처럼 인간의 자유를 확대하는 데 도움이 되는 행위는 결국 역사에 큰 자취를 남길 수밖에 없어요. 아이폰 또한 인간의 삶을 변화시킨 기술로 후대에도 오랫동안 회자될 것입니다.

한글은 민본의 글에서 민주의 글로 바뀌었습니다. 촛불시위가 한창일 때, 광화문에 정말 많은 사람이 촛불처럼 밝은 희망을 들고 모였습니다. 광장에 나온 시민들이 들고 있는 팻말에는 모두 한글이 쓰여 있었어요. 세종대왕이 만약 그 장면을 보았다면 깜짝 놀라셨을 겁니다. 한글 덕분에 한결 쉽고 자유롭게 내 생각과 감정을 주고받으면서 민주주의를 발전시키고 있다 해도 과언이 아닙니다.

창조나 창의력을 말하면 사람들은 자꾸 전에 없던 새로운 것을 만들어내려고 해요. 그러나 아무리 새로워도 사람들이 선택하지 않으면, 열광하지 않으면 널리 쓰이지 않습니다. 저는 소수를 위한, 소수의 권익을 대변하는 기술은 역사의 흐름에 맞지 않는다고 생각합니다. 역사는 자유의 확대를 향해 나아가고 있어요. 폭발력을 지닌 창조적 발명은 소수를 위한 것이 아니라 다수를 대변하는 것입니다.

무엇이 진정한 창조인가 생각해봐야 할 때입니다. 새로운 것을 만들어내려고 하기 전에 어떻게 하면 사람들이 더 자유로워지고 편안해질까를 고민해야 합니다. 그런 고민을 바탕으로 한 창조만이 오랜 시간 생명력을 가지고 사람들의 삶에 영향을 미치며 세상을 바꿔나갈 테니까요.

하나를 내어주고
둘을 얻는 협상의 달인들

협상

『어떻게 원하는 것을 얻는가』라는 책이 베스트셀러 순위에 오른 적이 있습니다. 협상이 아주 거창한 비즈니스에만 쓰이는 기술이 아니라 소소하게 물건값을 깎고 애인의 마음을 돌리는 등 일상생활에도 필요한 기술이라는 걸 알려주는 책이었죠. 많은 사람이 비즈니스뿐만 아니라 일상에서도 협상력의 중요성을 느꼈기 때문에 베스트셀러가 될 수 있었던 것 같습니다.

우리 역사에서 협상의 달인을 꼽는다면 저는 제일 먼저 고려의 서희를 말할 겁니다. 서희는 고려시대의 외교가인데요, 간단하게 그를 설명하자면 몇 마디 말로 전쟁을 막고 땅을 얻어낸 사람입니다.

서희가 재상으로 있을 때 고려는 송나라와 국교를 맺고 거란을 멀리했습니다. 그런데 거란의 장군 소손녕이 대군을 이끌고 고려로 쳐들어와요. 고구려의 옛 땅은 모두 거란의 차지인데, 고려가 영토를 침범하고 있어서 토벌하러 왔다고 으르렁댑니다. 80만 병사를 이끌고 왔으니 당장 나와서 항복하라고 협박문을 보내죠.

당시 고려 조정에서는 거란의 요구를 들어주자는 의견이 우세했습니다. 지금의 평양에 해당하는 서경의 북쪽 땅을 거란에 주자는 의견이 나왔고 고려 성종도 동의합니다. 그런데 서희가 벌떡 일어나서 반론을 제기합니다. 만나서 이야기 한번 나눠보지도 않고 그들의 요구를 들어주는 게 말이 되냐는 거예요. 그러면서 이렇게 이야기하죠. "만약 우리가 아무런 시도도 하지 않고 적이 원하는 대로 땅을 떼어준다면 만세의 수치로 남을 것이다." 후세가 어떻게 평가할지 생각해본 거예요. 역사가 뭔지 아는 분인 거죠. 당장의 목숨도 중요하고 전쟁을 피하는 것도 중요하지만 지레 겁을 먹고 이렇게 앉아서 결정해버릴 문제가 아니라는 걸 알고 있었던 겁니다. 지금의 결정이 분명 역사로 기록되고 기억될 것이라고 믿었던 서희의 역사의식, 이것이 정말 중요합니다. 역사의식이 있는 사람과 없는 사람의 차이가 이런 데서 나오기 때문이지요.

일단 서희는 뭔가 앞뒤가 맞지 않는다고 생각했어요. 정말 고려를 칠 생각으로 들어왔다면 거침없이 밀고 내려와야 할 텐데 소손녕은 고려 국경을 넘자마자 고구려 땅을 달라고 하면서 강화 요청을 했기 때문입니다. 보통은 당하는 쪽에서 강화 요청을 하잖아요. 먼저 공격한 사람이 '우리 그만하고 화해하자' 하지는 않거든요. 게다가 대군을 끌고 왔다고 큰소리를 떵떵 쳐놓고 강화를 맺자고 하니까 더 이상했던 거죠. 그래서 거란의 진짜 의도가 무엇인지 알아보려 합니다. 땅을 돌려받는 게 목적은 아닐 거라고 예상한 겁니다.

소손녕을 만나 보니 역시 분위기가 묘했어요. 고구려 땅을 달라고 하긴 합니다. "너희는 신라를 계승한 나라니까 고구려 땅은 우리 것이다." 이렇게 주장하죠. "아니다. 우리야말로 고구려를 계승한 나라다. 나라 이름도 고려라고 하지 않았느냐." 서희도 이렇게 반박해요. 그런데 사실 이건 탐색전이에요. 대화의 핵심은 이게 아닙니다. 고구려 계승이니 신라 계승이니 하는 건 중요한 게 아니에요. 서로가 어떤 패를 가지고 있는지 알아보는 과정일 뿐입니다.

외교를 할 때 가장 중요한 자세는 패를 보여주지 않는 것입니다. 쉽게 속내를 드러내지 않는 거죠. 일례로, 한반도에 사드THAAD를 배치하느냐 마느냐로 시끄러웠을 때 우리 정부는 긍정도 부정도 하지 않았어요. 중국은 사드에 굉장히 민감하게 반응했습니다. 사드 배치의 목적이 북한이라고는 하지만 중국에 위협이 된다는 것이죠. 이명박정부까지는 긍정도 부정도 하지 않는 NCNDneither confirm nor deny 입장을 고수했습니다. 이목을 끌지 않도록 절제된 대응을 하는 로키low key 기조를 유지했죠. 그런데 다음 정부는 곧바로 속내를 드러냈어요. 사드를 배치한다고 해버렸습니다. 사드 배치라는 패를 숨기고 있어야 미국과 중국 사이에서 영향력을 확보할 수 있는데, 패를 보여줬으니 그 판에서는 힘을 잃은 거나 마찬가지였죠. 설혹, 패를 뒤집더라도 이후 전개될 양상을 정확하게 파악하고 대책을 세웠어야 하는데 그래 보이지도 않았습니다. 결국 사드 배치를 선언한 순간 중국과 마찰이 생겼습니다. 중국이 좋고 싫고를 떠나서 외교 문제를 그렇게 풀어가서는 절대로 유리한 위치에서 관계를 이어갈 수 없습니다.

서희와 소손녕은 자기 패는 보여주지 않고 상대의 패를 읽기 위해 촉각을 곤두세웁니다. 서희는 거란군이 전쟁을 하고 싶은 게 아니라 빨리 돌아가고 싶어 한다는 인상을 받습니다. 싸울 의도로 대군을 끌고 왔으면 얼른 공격해야 하는데 땅을 돌려달라고만 하잖아요. 그러면서 왜 가까운 거란하고는 교류하지 않고 송나라랑 친하게 지내느냐고 슬쩍 진짜 패를 드러냅니다.

'옳다, 이거였구나' 서희는 소손녕의 속내를 정확히 간파합니다. 거란이 정말 싸워야 하는 나라는 송나라예요. 당을 이어 중원에 들어선 송나라를 정복해야 하는데, 거란 입장에서는 송나라와 고려가 친한 게 문제였어요. 군사를 모아 송나라에 쳐들어가면 후방이 비어버립니다. 이때 고려가 후방을 칠까 봐 염려되었던 거죠.

거란의 패를 읽은 서희는 탐색전을 끝내고 먼저 제안합니다. "우리도 너희랑 친하게 지낼 수 있어. 그런데 고려와 거란 사이에 여진족이 있잖아. 그 지역을 여진족이 다스리고 있어서 교류가 힘들어. 여진족을 몰아내고 우리가 그 땅을 관리할 수 있게만 해주면 얼마든지 거란으로 가서 왕에게 인사를 드릴 수 있어." 어떻습니까? 저는 서희의 협상력에 무릎을 쳤습니다. 고려와 거란의 문제라고 생각했는데 뜬금없이 제3자인 여진을 끌고 들어와서 완전히 새로운 프레임을 만들어버린 겁니다. 대단하지 않나요? 소손녕은 바로 넘어옵니다. "정말 그렇게 해줄 거야?" 이에 서희가 걱정하지 말라며 긍정을 합니다. 이 회담으로 고려는 압록강 동쪽의 강동 6주를 얻게 됩니다. 거란에 땅을 줘야 하는 상황이었는데 오히려 거란한테서 땅을 받아 온 거예요.

그럼 거란은 손해를 본 걸까요? 아닙니다. 거란이 목표로 하는 건 송나라예요. 그 어마어마한 땅에 비하면 고려에 주기로 한 강동 6주는 콩알만 한 땅입니다. 그건 손해가 아니라 투자예요. 고려에 후방을 공격당할 걱정 없이 송나라를 총공격하기 위한 투자였습니다. 이 회담에서 진 사람은 없습니다. 고려도 거란도 이긴 겁니다.

협상이란 이처럼 서로가 윈윈할 수 있는 조건을 찾는 일입니다. 다짜고짜 들이밀면서 내가 원하는 것을 달라고 떼를 써서도 안 되고 협상 테이블에 앉기도 전에 겁을 먹고 손 놓고 있어서도 안 돼요. 섬세한 감각을 발휘해서 상대의 패를 읽으며 상대가 왜 이런 이야기를 하는지, 상대의 진짜 속내는 무엇인지를 알아차려 양쪽 모두 납득할 수 있을 만한 제안을 해야 합니다.

서희는 이런 외교의 본질을 정확히 알고 있었습니다. 거란이 투자 차원으로 받아들일 수 있는 수준을 잘 파악하고 딱 그만큼만 제안한 것이죠. 저는 서희를 볼 때마다 "바로 이것이 외교의 정석이다, 아트 외교다"라는 말이 절로 나옵니다. 외교부가 '우리 외교를 빛낸 인물'로 서희를 선정한 것도 너무나 당연한 처사죠.

협상가는 보통 말을 잘하는 사람이라고 생각하지만 사실은 그렇지 않습니다. 협상가에게 중요한 건 훌륭한 말솜씨보다 정확한 눈이지요. 여기서 정확한 눈이란 정세를 파악할 줄 아는 통찰력과 상대의 의중을 감지하는 관찰력을 말합니다. 근래에 서희의 뒤를 잇는 우리 시대의 서희를 발견했는데요, 바로 후쿠시마산 수산물 수입 금지 조치를 둘러싼 한일 무역 분쟁에서입니다.

우리 정부는 2011년 일본 후쿠시마에서 발생한 원전 사고 이후 후쿠시마를 포함해 인근 8개 현의 수산물 50종에 대한 수입을 금지하는 조처를 내렸다가, 2013년 원전 오염수가 바다로 유출됐다는 사실이 알려지자 수입 금지 대상을 모든 수산물로 확대했습니다. 분쟁은 일본 정부가 이 조처가 부당하다고 주장하며 세계무역기구WTO에 한국 정부를 제소하면서 시작됐습니다. WTO는 1심에서 일본 정부의 손을 들어주었는데요, 놀랍게도 2심에서 1심의 결과를 뒤집었습니다. WTO에서 거의 유례가 없는 대역전극이 나온 것이죠. 마침내 우리는 안심할 수 있을 때까지 원전 사고 앞바다에서 난 수산물을 먹지 않을 수 있게 된 것입니다. 이 기막힌 대역전극은 어떻게 탄생했을까요?

　일본이 승리하고 우리가 패한 1심에서 일본은 후쿠시마 수산물의 방사성 물질 수치가 위해危害 기준치를 넘지 않기 때문에 한국의 수산물 금지는 과도하다고 주장했습니다. WTO는 이 주장을 받아들였지요. 관련 부처의 실무진과 전문가로 구성된 우리나라 소송대응단은 2심을 준비하면서 패배한 1심의 주장을 또다시 반복할 수 없다고 판단했습니다. 수산물의 유해성에 초점을 맞추는 대신 다른 프레임을 준비하기로 합니다. 바로 '특수성'입니다. 한국은 일본과 가장 인접한 국가이며 '원전 사고'라는 특수 상황이 벌어진 만큼 환경이 식품에 미치는 잠재적 위험성을 고려해야 하는데 이를 배제한 1심 결정은 적절하지 않다는 논리를 준비했습니다. 일본은 1심과 다를 게 없는 주장을 들고나왔죠. 결과는 여러분이 아시는 대로입니다. WTO는 우리의 손을 들어주었습니다. 감동적이지 않나요? 서희 선생이 이 모습을 본다면 얼마나 흐뭇해했을까요?

　고려 전기에 서희가 있다면 고려 후기에는 원종이 있습니다. 공교롭게 제가 협상의 달인으로 꼽는 두 인물이 모두 고려 사람인데요, 그도 그럴 수밖에 없는 게 고려 500년이 끊임없이 외적 침입에 대항한 투쟁사라고 봐도 무방하기 때문입니다. 10세기와 11세기에는 거란족, 12세기에는 여진족, 13세기에는 몽골 제국이 국경을 넘어옵니다. 14세기엔 홍건적과 왜구가 남북으로 괴롭히고요. 한 세기에 한 번씩 외침을 받은 꼴이죠. 그런데도 고려는 강대국 사이에서 500년이나 역사를 지속했습니다.

특히 13세기에 쳐들어온 몽골과는 40년 이상을 싸웠습니다. 당시 몽골은 세계의 패권을 장악한 대제국이었습니다. 그 기세가 정말 대단했어요. 동아시아는 물론이고 동남아 일부와 중동, 서쪽으로 시베리아와 터키를 넘어 유럽의 오스트리아까지 땅을 넓혔으니까요. 러시아는 물론 그 이전의 소비에트 연방보다도 큰 나라였습니다. 말 그대로 세계 제국을 건설했던 셈입니다. 몽골군의 말발굽 소리는 당시 전 세계인에게 공포의 대상이었죠.

몽골은 1231년에 처음 고려에 쳐들어왔습니다. 고려는 몽골 침략에 40년 넘게 버팁니다. 그 강한 몽골 군대를 상대로 참 오랫동안 버틴 거죠. 몽골 군인이 내가 세상을 돌아다니면서 여러 나라를 공격해봤지만 이렇게 공격당하고도 항복을 하지 않는 나라는 처음이라고 말한 기록이 있을 정도입니다. 하지만 그런 고려도 결국은 무너집니다. 전쟁을 어떻게 정신 력만으로 이기겠어요. 그러기엔 상대가 너무 강했습니다.

고려 조정은 몽골에 항복하기로 결정했습니다. 항복할 수밖에 없는 것도 비참한데 항복을 하려면 왕이 직접 몽골의 황제를 찾아가야 했어요. 당시 왕이었던 고종은 속된 말로 오늘내일하는 상황이었습니다. 몽골의 황제를 만나러 가는 길이 얼마나 멀겠어요? 수백 일이 걸릴지도 모를 일이었습니다. 고종은 도저히 움직일 수가 없었죠. 그래서 아들이 대신 항복을 하러 떠납니다.

고려의 태자가 항복하러 길을 떠났을 때 몽골의 황제 몽케는 남송을 정벌 중이었습니다. 태자는 그를 만나기 위해 말 그대로 산을 넘고 물을 건넜습니다. 그 와중에 그의 아버지는 결국 세상을 떠나고 맙니다. 소식을 들은 태자는 비록 먼 곳이었지만 예를 갖추기 위해 가던 길을 멈추고 상복을 입습니다. 간단한 절차를 치르고 다시 또 떠났어요. 그런데 이번에는 몽케의 사망 소식을 듣게 됩니다. 참 허망했겠죠. 부지런히 누군가를 만나러 가고 있는데 만나야 할 사람이 죽은 거예요. 그럼 이제 누구에게 항복을 해야 할까요? 이 문제를 두고 대책 회의가 벌어집니다.

쉽게 결정할 수 없었던 것은 몽케의 후계자가 정해지지 않았기 때문이었습니다. 몽케의 동생과 아들들이 서로 몽케의 뒤를 잇겠다고 권력 투쟁을 벌이는 혼란스러운 상황이었죠. 그중에서도 유력한 황제 후보는 아리크부카와 쿠빌라이 두 사람이었습니다.

고려 입장에서는 골치가 아프죠. 그중 한 명한테 가서 항복을 하면 고려가 그 사람을 몽골 황제로 생각한다는 뜻이잖아요. 그런데 다른 한 명이 황제가 된다면 어떻겠어요. 당연히 큰 미움을 사겠지요. 함부로 움직였다간 훗날 어떤 일을 당하게 될지 장담할 수 없었습니다.

고려의 태자는 이 위험천만한 상황에서도 고려에 유리한 점이 있음을 깨닫습니다. 이 중 한쪽과 거래를 할 수 있겠다는 생각이 들었어요. 항복할 수밖에 없지만 얻어낼 수 있는 것은 최대한 얻어내자, 좀 더 나은 항복을 하자고 다짐한 거죠. 몽골 입장에서 고려는 변방의 작은 나라였지만 좀처럼 점령하기 어려운 나라이기도 했습니다. 그런 고려가 몽골의 황제에게 항복을 하겠다고 찾아오는 거예요. 아리크부카든 쿠빌라이든 고려의 항복을 받는 쪽은 자신이 황위에 오르는 것이 하늘의 뜻이라고 주장할 만한 명분이 생깁니다.

태자는 아리크부카와 쿠빌라이에 대해 최대한 많은 정보를 모았습니다. 아리크부카는 몽골을 기반으로 해서 유럽 쪽으로 세력을 넓히고 있는 인물이었고, 쿠빌라이는 중국 대륙에서 세력을 확장하고 있었습니다. 본국인 몽골에서 영향력을 발휘하는 아리크부카가 정통성 차원에서 조금 앞서는 듯한 모습이었죠. 그러나 몽골과 떨어진 중원에선 쿠빌라이가 대세처럼 보였습니다. 태자는 고민에 고민을 거듭한 끝에 둘 중 한 사람을 찾아갑니다.

아니나 다를까, 고려의 태자를 맞이한 쪽에서는 경사가 났습니다. 당시 동아시아에서 고려는 고구려를 계승한 나라라는 인식이 있었어요. 당 태종도 굴복시키지 못했던 나라의 태자가 왔으니 이게 바로 하늘의 뜻이라며 극진하게 대우합니다. 게다가 말이 태자지 사실은 고려의 왕이나 다름없거든요. 이런 분위기에서 태자는 계획한 대로 거래를 제안합니다. 항복을 하면서도 아주 파격적인 조건을 내걸었지요. 우리가 천명이라는 명분을 주었으니 고려의 정체성을 유지하게 해달라고 요청한 것입니다. 몽골의 속국이 되더라도 원의 직할령으로 복속하지 않겠다, 그리고 고려의 풍속을 고치지 않겠다가 그 내용입니다. 식민지는 되지 않겠다는 거죠. 고려의 전통을 지킬 테니 내버려두라는 거예요.

이는 전례가 없는 일입니다. 몽골인의 말발굽이 지나가면 거기는 그냥 몽골 영토가 되는 거예요. 그런데 독립국의 지위를 유지하겠다는 거잖아요. 그 외에도 몇 가지를 요구했는데 가장 중요한 내용은 이것이었습니다. 놀랍게도 태자의 요청은 받아들여집니다. 너희가 하늘의 명을 가지고 왔으니 그 요구 조건은 들어주겠다고 약속한 거죠. 이것이 그 유명한 세조구제世祖舊制입니다. 그러고선 큰 잔치가 벌어집니다.

태자가 찾아간 황제 후보는 누구였을까요? 바로 쿠빌라이였습니다. 이후 쿠빌라이는 중국에 원나라를 세우죠. 태자의 선택이 말 그대로 신의 한 수가 된 것입니다. 고려의 태자는 똑똑하고 안목이 높은 사람이었어요. 쿠빌라이와도 아주 가까운 사이가 됩니다. 고려의 왕위도 비어 있으니 쿠빌라이는 태자를 고려 국왕으로 책봉해서 돌려보내지요. 이 태자의 묘호가 바로 원종입니다. 심지어 쿠빌라이는 원종과 사돈 관계를 맺습니다. 자신의 막내딸 제국대장공주를 원종의 아들에게 시집보냈어요. 그러니까 고려는 몽골의 사위 나라, 부마국이 된 것입니다.

고려가 원의 부마국이 된 일을 창피하게 생각하는 사람도 있습니다. 학창 시절에 원 간섭기를 치욕의 역사로 배운 분들도 있을 것이고요. 하지만 저는 꼭 그렇게만 볼 필요는 없다고 생각합니다. 당시 세계를 지배하던 몽골, 그리고 가장 넓은 나라였던 원나라의 사위 나라입니다. 그 대제국이라는 판 위에서 고려의 위치를 보자는 거예요. 고려는 확실히 다른 속국들과는 달랐어요.

몽골에서는 전통적으로 '쿠릴타이'라고 하는 모임에서 중요한 일을 결정했습니다. 쿠릴타이는 몽골의 귀족들이 모여 정책을 결정하는 최고 기관이에요. 쿠빌라이 이후로는 황권이 워낙 강해져서 황위가 세습되었지만 칭기즈 칸부터 쿠빌라이가 칸이 되기까지는 쿠릴타이에서 칸을 선출했습니다. 원종의 아들 충렬왕은 이 쿠릴타이에 참석할 수 있었어요. 황제의 사위였기 때문에 지위도 상당했습니다. 몽골 귀족 중 일부가 불만을 제기하기도 했어요. "쟤는 뭔데 회의에 끼는 거야" 그랬겠죠. 충분히 그런 말이 나올 수 있거든요. 하지만 아무도 충렬왕을 함부로 대할 수는 없었습니다.

고려가 원나라로 인해 힘든 시기를 보낸 것은 사실입니다. 원종 이후로 고려의 왕들은 '조組'와 '종宗'이라는 묘호를 사용하지 못했습니다. 또한 원나라로부터 충렬왕, 충선왕, 충숙왕 등 '충忠'자가 붙은 시호를 받아야 했습니다. '충'은 원나라에 충성하라는 뜻으로 원의 제후국이 되었으니 왕이 죽은 후에 받는 시호 또한 원나라에서 내려주는 대로 받아야 했던 거죠. 계속 이어져 온 고려 조정의 예법도 지켜나갈 수 없었습니다. 왕이 자신을 '짐'이라고 칭할 수 없었고, 신하가 왕을 '폐하'라고 부를 수도 없었지요. 원의 영향력이 강하다 보니 고려의 풍속을 바꾸지 않는다는 불개토풍不改土風 조항에도 불구하고 고려에서 몽골의 변발과 복식이 유행하기도 했습니다. 그럼에도 불구하고 고려는 원나라의 직할 통치는 피했습니다.

원종의 업적은 절대 무시할 수 없습니다. 훗날 원나라가 독립성을 침해하고 속국으로 삼으려 할 때마다 고려는 매번 세조구제 카드를 꺼내 들었습니다. '쿠빌라이가 이렇게 약속했어' 하고 주장했던 거죠. 그냥 황제도 아니고 원나라를 세운 쿠빌라이의 유지였기 때문에 원나라 황제들도 어찌할 수 없었습니다.

저는 가끔 항복을 앞둔 원종의 마음이 어땠을까 생각해보곤 합니다. 자기 힘으로는 어찌할 수 없는 위기의 연속이었어요. '이제 고려는 끝났구나'라는 자포자기의 심정이었다면 정말 고려는 끝났을지도 몰라요. 몽골제국에 편입되어 마치 섬과 같은 끄트머리 변방 땅으로 남았을 수도 있어요. 그러나 원종은 그게 끝이라고 생각하지 않았습니다. 다 포기하고 될 대로 되라지 하고 내버려두는 것이 아니라 그 상황에서 자신이 지켜야 하는 것, 얻어야 할 것을 빠르게 계산했습니다. 그리고 자신이 가진 패를 이용해 그처럼 대담한 제안을 던졌지요. 그가 기지를 발휘한 덕분에 고려는 계속해서 자치 국가로 남을 수 있었습니다. 이는 분명 원종의 외교적 성과였습니다.

살다 보면 누구에게나 협상의 기술이 필요합니다. 거래를 할 때, 업무를 정할 때, 연봉을 높일 때 등 우리는 살아가면서 수많은 협상을 합니다. 심지어 연애를 하고 친구를 사귀면서도 협상이 필요해요. 협상이란 상대방도 만족시키고 나도 만족하는 결과를 내기 위한 과정입니다. 내 것만 생각해서도, 상대의 것만 생각해서도 안 되죠.

어떤 종류의 협상 테이블이든 그 앞에 나서기 전에 서희와 원종의 외교술을 떠올려봤으면 좋겠습니다. 배짱을 가지고 섬세하게 상대를 관찰하면서 본인의 패를 놓지 않는다면 결국 원하는 것을 얻게 되리라고 역사는 말하고 있습니다.

왜 할머니, 할아버지는
태극기를 들고
광장으로 나왔을까

공감

저희 아버지는 그 나이대의 아버지들이 그러하듯 좀 무뚝뚝
한 편이십니다. 대부분의 아버지와 아들처럼 저희 부자도 친
밀하게 애정을 표현하는 사이는 아니지요. 그런 아버지가 저
에게 먼저 전화를 걸 때가 있는데 바로 텔레비전이 말썽일 때
입니다. 일하고 있는데 아버지에게 전화가 와서 받아보면 텔
레비전이 이상한데 어떻게 해야 하냐고 하십니다. 이야기를
들어보면 외부입력 버튼을 잘못 눌렀거나 하는 간단한 문제

예요. 만약에 제 또래의 친구가 그런 문제를 겪었다면 저에게 전화를 거는 대신 인터넷 검색을 해서 해결했을 테고, 전화를 걸었다 한들 제가 "IPTV 리모컨 말고 TV 리모컨에서 외부입력 버튼을 찾아봐"라고 하면 척척 알아들었겠죠. 하지만 아버지는 그렇지가 않습니다. "채널 바꾸는 작은 리모컨 말고 더 길쭉한 리모컨 있잖아요, 그 리모컨에서~" 하면서 설명해야 합니다.

이것마저도 쉽지 않아서 결국 영상통화를 하면서(이것도 처음에는 아버지의 귀와 옆모습만 화면에 보였지요) 20분이 넘도록 설명해야 할 때도 있습니다. 연세가 많으시니 시력과 청력도 약하고, 요즘 텔레비전이라는 게 옛날처럼 그냥 켜기만 하면 나오는 게 아니잖아요. 리모컨도 하나가 아니에요. 실수로 뭐 하나 잘못 누르면 어르신들은 어찌할 바를 모릅니다. 설명을 하면서 답답함에 여러 번 울화가 났지만 이런 별것 아닌 일에도 아들의 도움을 받아야 하는 본인의 마음은 오죽하실까 하는 생각에 마음을 다스렸습니다.

이렇게 생각하기까지 저도 참 오랜 시간이 걸렸습니다. 처음에는 화도 많이 나고, 몇 번을 설명해도 다음에 똑같은 문제로 전화를 받을 때면, 저도 모르게 목소리가 커지는 걸 막을 수가 없었어요.

제가 어렸을 때 저희 집은 부유하지 않았습니다. 부모님은 절 고생하면서 키우셨어요. 그 노고를 알기에 어느 정도 벌이가 안정된 다음부터는 용돈을 좀 넉넉하게 드렸습니다. 맛있는 것도 사 드시고, 멋진 옷도 사 입으시고, 좋은 데도 가시라고 제 나름대로 신경을 쓴 것이죠.

그런데 어느 날 부모님이 저를 부르시더니 선물을 주시는 거예요. "이게 뭐예요?" 제가 여쭤보니 그냥 웃으면서 풀어보라고 하시는 겁니다. 열어보니, 그건 통장이었습니다. 제가 용돈을 드릴 때마다 바로 그날 용돈을 통장에 넣으셨던 거예요. 저한테 다시 돌려주시려고 10원 하나 안 쓰고 저축하신 거죠. 그걸 보는 제 심정이 어땠냐면…… 감동이 아니라 화가 치솟았어요. 이러라고 드린 돈이 아닌데 대체 뭐 하시는 거냐고 크게 퍼붓고 나와서 운전대를 잡았습니다. 분노이기도 하고, 슬픔이기도 한 복잡한 마음으로 한참 차를 몰았습니다. 한강을 끼고 달리기 시작했는데 한강 다리와 주변 마천루를 보니 그제야 다른 생각이 들더군요.

우리나라는 '한강의 기적'을 이뤄낸 나라입니다. 1953년 6·25전쟁이 끝난 뒤 우리나라 1인당 국민총소득은 67달러에 불과했습니다. 전 세계적으로 보면 아프리카 50개국의 평균보다 못한 최빈국이었습니다. 외국의 석학들은 한반도가 구석기로 돌아갔다고 말했습니다. 사람하고 돌멩이만 있다는 뜻이지요. 그런 시대랑 비교될 만큼 우리나라가 가난했어요. 고작 60여 년 전의 이야기인데, 당시 사진을 보면 그처럼 가까운 과거라는 사실이 믿기지 않아요. 지금 '못사는 나라'라고 하면 어느 나라를 떠올릴까요? 소말리아? 에티오피아? 그때 외국 사람들은 한국을 떠올렸습니다. 폐허에서 울고 있는 전쟁고아들과 거지꼴을 한 사람들. 이것이 그들이 생각하는 한국의 모습이었습니다.

제가 어릴 때만 해도 주위에 넉넉하게 사는 사람이 별로 없었습니다. 저도 그랬고요. 좁은 방 한 칸에서 네 식구가 잤습니다. 아버지가 양복점을 하셨는데 기성복이 나오기 시작하면서 가게가 점점 어려워졌습니다. 좋은 기성복이 많이 나오는데 맞춤양복, 그 비싼 걸 누가 사겠어요? 게다가 그즈음에 보증을 섰다가 날벼락을 맞았습니다. 얼마나 당했는지 오죽하면 저희 가훈이 '보증을 서지 말자'입니다. 어쨌든 무엇이든 해서 먹고살아야 하니까 어머니가 조그마한 문구점을 하나 내셨어요. '디즈니 문방구'라고, 이름은 세련됐지만 구멍가게처럼 좁고 어두컴컴한 곳이었습니다.

중학생 때 방학이 되면 저는 항상 외가로 갔어요. 방학 내내 그곳에서 지냈습니다. 나중에 안 사실인데, 집에 쌀이 부족해서 부모님이 절 외가로 보내셨던 거였습니다. 한창 클 때니까 제가 얼마나 많이 먹었겠어요. 게다가 방학에는 내내 집구석에서 이것저것 먹어대니 그게 감당이 안 됐던 거죠. 외가는 그래도 형편이 좀 나았거든요.

상황은 넉넉하지 않았지만 그래도 아버지, 어머니는 정말 저 하나만을 바라보면서 열심히 사셨어요. 저희 부모님뿐만 아니라 그 시대의 모든 사람이 그러했습니다. 어떻게든 살아보겠다고 허리띠를 졸라맸지요. 그들의 목표는 딱 하나였습니다. 내 자식에게만큼은 이 지긋지긋한 가난을 물려주지 않겠다. 그 목표에 일생을 바쳤습니다.

저는 현대사를 가르칠 때면 이런 이야기를 합니다. "현대사의 영웅이 누군지 아십니까? 바로 여러분의 아버지와 어머니이십니다." 대한민국 경제 성장은 누구 한 사람이 이룩한 게 아닙니다. 지독하게 가난했던 이 땅의 국민들이 있는 힘을 다해 일하며 일구어낸 발전입니다. 그 결과 한국은 절대 빈곤에서 탈출했습니다. 새벽부터 늦은 밤까지 햇빛도 보지 못하고 일했던, 좁은 다락방에서 쉬지 않고 미싱을 돌렸던, 중동의 뙤약볕 아래에서 땀을 흘렸던, 그분들 덕입니다. 우리의 부모님들이 바로 현대사의 주인공입니다. 우리에게 이 시대를 선물해주었다고 해도 과언이 아니죠.

이제 시대가 바뀌어 우리는 절대 빈곤에서 벗어났지만 아직도 그분들의 뼛속에는 그때의 경험이 강하게 남아 있습니다. 시간이 생기고 돈이 있어도 제대로 쓰지 못하는 분이 태반이죠. 이런 이야기를 늘 해왔음에도 저는 정작 저희 부모님을 이해하지 못했습니다. 역사의 한 페이지에 있는 아버지, 어머니와 나의 아버지, 어머니를 분리해서 생각했던 거예요. 자식을 위해 인생을 바쳐 살아온 나의 부모도 현대사의 영웅인데 제가 그걸 인식하지 못했다는 게 정말 죄송했습니다. 그날의 일은 제가 그 세대의 역사를 다시 되짚어보는 계기가 되었습니다.

역사는 과거의 사람들에게 끊임없이 질문을 던지는 학문입니다. 그래서 역사를 공부한다는 것은 사람들이 왜 그런 선택을 했는지, 왜 그럴 수밖에 없는지 상상해보고 그의 입장이 되어 생각해보는 일입니다. 결과만 놓고 잘잘못을 따지는 일이 아니라 그 속내와 그럴 수밖에 없는 사정을 헤아리는 것이지요. 그 과정에서 자연스럽게 공감하고 이해하는 연습을 하게 됩니다.

우리가 어떤 사람과 대화가 잘 통하지 않고, 자꾸 갈등이 생긴다면 그 관계는 서로에 대한 몰이해에서 시작된 것일 수 있습니다. 서로의 사정을 모르다 보니 선택을 이해할 수가 없고,

그러다 보면 미움이 생기기 마련이지요. 저도 부모님의 행동을 이해할 수 없을 때는 정말 화가 많이 났어요. '도대체 왜 그러시는 거야?'라는 말이 계속 튀어나왔죠. 그런데 부모님의 사정과 살아온 세월을 생각해보고 그 시대에 내가 살았다면 지금의 나는 어땠을까를 상상해보니 부모님의 마음이 이해가 되더라고요. 그분들의 행동에 대해 이해가 짧았다는 반성도 했습니다. 그 뒤로는 부모님의 행동에 화를 좀 덜 내게 되었습니다.

◇ ◆ ◆

부모 자식 간에도 서로의 입장을 이해하는 데 이렇게 우여곡절이 많은데, 하물며 가족이 아닌 사람과의 세대 갈등은 얼마나 심할까요. 농담처럼 가족끼리도 해서는 안 되는 이야기가 종교와 정치라고 말하는데 과연 틀린 이야기가 아닙니다. 우리나라도 세대 간에 정치적 입장 차이가 굉장히 큰 편입니다. 그만큼 서로의 입장 차이를 좁히기 어려운 주제라는 뜻이겠지요.

2017년 '촛불 탄핵'이 일어나고 우리나라 역사상 처음으로 현직 대통령이 파면되는 사건이 일어나자 이른바 '태극기 부대'의 시위도 거세졌습니다. 촛불시위가 한창일 때부터 탄핵 반대 시위를 해왔던 태극기 부대는 이후 탄핵 무효를 외치는 것은 물론, 현재까지도 박근혜 대통령 석방 집회를 열고 있습니다.

태극기 부대를 구성하는 사람들은 대부분 연배가 높은 어르신입니다. 이전에도 나라에 무슨 일이 생길 때마다 보수를 자칭하며 목소리를 낸 집단이 있기는 했지만, 이렇게 많은 수가 집결한 적은 없었습니다. 그리고 미디어에 비친 그들의 행동은 젊은 세대가 보기에는 너무나 생경했지요. 어떤 할머니께서는 박근혜 전 대통령이 구속될 때 엎드려 절하며 "마마!" 하고 부르짖으며 서럽게 울기도 했습니다. 대한민국이 무슨 왕권국가도 아닌데 저런 모습을 보이니 황당할 법도 합니다.

이런 사람들을 비하하는 신조어가 생기기도 했습니다. '틀딱충'이라고 틀니를 끼울 만큼 나이가 많은 노인을 가리키는 말이죠. 저는 성조기를 들고 거리를 행진하는 이른바 '태극기 부대'의 주장을 그대로 따르지는 않습니다. 하지만 틀니를 딱딱거린다는 표현, 거기에 벌레를 뜻하는 글자까지 붙인 혐오 표현이 등장하는 것을 보면서 큰 충격을 받았습니다. 집단 간의 갈등이 갈수록 심해지고 세대 갈등 또한 노인 혐오로 표출되는 작금의 사태가 대체 어디서부터 시작된 것일까, 고민하게 됐지요.

1994년 북한의 김일성이 죽었을 때 북한 사람들은 대성통곡을 했습니다. 뉴스로 접한 북한 사람들의 모습은 마치 집단 주술에 걸린 것만 같았죠. "저기서 안 울면 잡혀간대", "다들 연기하는 거래" 이런 말을 하는 사람도 있었습니다. 물론 주변의 시선 때문에 우는 척하는 사람도 있었겠지요. 하지만 북한 사람들이 죄다 배우도 아닌데, 어떻게 그토록 많은 사람이 서럽게 울부짖을 수 있었을까요? 김일성은 어버이 수령이라고 세뇌시킨 탓에 정말 자기 부모를 잃은 것처럼 느꼈던 걸까요?

저는 그들이 김일성의 죽음을 슬퍼한 가장 큰 이유 중 하나가 바로 '경험의 공유'라고 생각합니다. 6·25전쟁이 끝난 뒤 북한은 그야말로 초토화되었습니다. 아무것도 남지 않은 상황에서 김일성이라는 지도자와 함께 북한 주민들도 일어선 것이거든요. 풍족하지는 않더라도 어떻게든 먹고살 만한 나라로 만들었어요. 그 세대의 북한 사람들이 김일성에 대해 갖고 있는 향수는 사실 김일성이라는 인물이 아니라 역경을 극복한 자신들의 젊은 시절과 그 성공과 연대감에 관한 것이라고 봅니다. 내가 살아온 시대의 지도자 김일성을 부정하는 것은 곧 그와 함께 그 시대를 견뎌온 나를 부정하는 것과 같다는 뜻으로 받아들이는 거죠.

태극기 집회에 나가는 어르신들도 마찬가지 아닐까요? 그들이 박정희 대통령의 딸이라는 이유로 박근혜 대통령을 지지할 때, 혹은 미국 국기를 들고 흔들며 친미 구호를 외칠 때, 일부 젊은 사람들은 경악합니다. 그런데 그 시대를 살았던 사람들에게 박정희라는 지도자와 미국이라는 우방은 소위 '빨갱이'로부터 '국민'을 보호해주는 절대적인 존재로 인식되었습니다. 이 두 축을 중심으로 움직이는 세계에 자신도 속해 있던 거예요. 그런데 젊은 세대가 박정희 대통령을 부정하고 우방국 미국도 부정해요. 그들은 마치 자신의 세계가 무너지는 것 같은 느낌을 받았을 겁니다.

그분들은 이런 말을 자주 합니다. "우리가 어떻게 일으킨 나라인데!" 특정 대통령이 아니라 사실은 자기의 삶이 통째로 부정당하고 있다는 생각에 분노하는 것입니다. 내가 살아온 세월, 내가 쏟아부은 노력, 그리고 그것으로밖에는 설명할 수 없는 나라는 존재가 너무나 억울한 것이죠.

저 또한 어떤 주제에서는 아버지와 원활하게 대화하지 못합니다. 제 아버지는 1·4 후퇴 당시 남쪽으로 피란을 오신 분입니다. 피로와 굶주림, 병에 쓰러지고 죽어 나가는 사람들의 행렬 속에서 살아남으신 거죠. 제가 아버지를 완전히 이해할 수는 없을 겁니다. 다만 그분의 삶을 아니까 '아, 그래서 저렇게

반응하시는구나' 정도로 이해하고 있습니다. 폐허와 빌딩 숲, 전차와 KTX의 간극을 버티며 살고 계시는 분들이에요. 그런 세대지요.

역사를 공부하는 많은 이유 중 하나는 내 옆에 있는, 나와 다른 사람을 이해하기 위해서입니다. '왜 태극기를 들고나오는 걸까? 독재 정권으로 돌아가자는 거야?'라고 단정하기 전에 그들이 살아온 삶의 시간을 상상해보고 이해한다면 세대 갈등이 갈등을 넘어 혐오로 번지는 것만은 막을 수 있을 것 같습니다.

역사는 단절되는 것이 아닙니다. 주변에 보면 한국 현대사의 산증인이다 싶을 만큼 연세가 많은 어르신이 있습니다. 일제강점기에 태어나 광복을 맞이하고, 전쟁을 겪고, 초고속 경제 성장을 지켜보고, 21세기를 맞이한 분들이지요. 우리는 책이나 영상으로 보고 배운 그 시절의 이야기에 그분들을 대입시키지 못합니다. 할머니와 할아버지가 살아온 삶이 실제였다는 것을 잊거나 혹은 관심 자체가 없지요.

사실 상대의 삶에 관심을 갖지 않는 건 기성세대도 마찬가지입니다. "요즘 젊은 애들은 등 따시고 배불러서 패기도 없고 열정도 없다"라고 말하지만 학교에서, 강의실에서 젊은 친구들을 만나 보면 감히 그런 말을 할 수 없어요. 기성세대가 당연하게 거쳤던 인생의 과정을 포기할 수밖에 없는 그들 나름의 사정을 아무것도 아닌 것으로 치부해버리는 것은 가히 폭력적입니다.

요즘 우리 사회는 정치 성향뿐만 아니라 일상 곳곳에서 세대 갈등을 마주하고 있어요. 명절에 만난 친척 어른과 조카 사이에서도, 회사의 부장과 신입 사원 사이에서도, 지하철에서 만난 승객들 사이에서도 서로의 입장을 생각하지 않아 쉽게 갈등이 생기곤 합니다. 자신이 보고 듣고 경험한 것만을 강조한다면 이런 감정의 골은 점점 깊어지겠죠.

누구의 주장이 옳고 그른가를 판단하는 일보다 선행되어야 할 일은 상대가 왜 그런 생각과 행동을 하게 되었는지를 헤아려보는 것 아닐까요? 역사를 공부함으로써 서로의 시대를, 상황을, 입장을 알게 된다면 우리의 관점도 달라질 겁니다. 타인에 대한 공감은 바로 그곳에서 시작한다고 저는 믿습니다.

체면과 실속 중
무엇을 챙겨야 할까

합리

장수왕은 고구려의 전성기를 이끌었던 왕입니다. 광개토태왕의 아들로 고구려가 동북아시아를 휘어잡고 있던 5세기 내내 왕위를 지켰습니다. 고구려의 영광을 함께한 왕이라고 할 수 있죠. 왕호에서도 알 수 있듯이 장수의 아이콘이기도 합니다. 98세까지 살았는데 이름 그대로 정말 장수한 왕이죠.

여기까지는 잘 알려진 사실이고요, 제가 놀라운 사실을 하나 알려드리려고 합니다. 장수왕이 정말 잘했던 일 중에 하나가

뭐였냐면 바로 조공을 바치는 일이었어요. 고구려가 그렇게 잘나갈 때인데, 떵떵거리지는 못할망정 주위에 조공을 바쳤다니 신기하지 않습니까? 교과서에 이런 내용은 잘 안 나옵니다. 그냥 여러 나라와 사이좋게 지내는 균형 외교를 펼쳤다고 나와요. 아마 국민들이 자존심 상할까 봐 그런 것 같습니다.

장수왕에게 조공은 하나의 외교 전략이었어요. 당시 중국은 위진남북조 시대였습니다. 고구려 옆에는 북위와 북연, 두 나라가 있었고, 그 아래에는 송이 있었습니다. 고구려는 조공을 이용해 모든 나라와 친선 관계를 도모했습니다. 당시 중국 대륙에 난립해 있는 여러 국가 사이에서 어느 한쪽에 서지 않고 각 나라와 실리 외교를 했던 겁니다. 말이 쉽지, 절대 쉬운 일이 아닙니다. 북위와 송은 서로 못 잡아먹어서 안달인 나라인데 그 사이에서 중립적인 태도를 유지하는 게 얼마나 힘들었겠어요.

한번은 문제가 터졌습니다. 북위가 북연을 집중적으로 공격했던 거예요. 북연이 망하기 일보 직전이었던 435년, 북연의 왕이었던 풍홍이 고구려에 망명을 요청합니다. 장수왕은 선택의 기로에 놓이지요. 정말 곤란한 노릇이었을 겁니다. 풍홍의 망명을 받아들이면 분명 이득이 있어요. 고대국가는 사람의 숫자, 그러니까 인구를 늘리는 게 굉장히 중요합니다. 농경

사회니까 노동력을 최대한 확보해야 유리해요. 풍홍이 망명하면 어마어마한 인적, 물적 자원이 생기는 거잖아요. 왕이었던 사람이니 따르던 백성도 함께 데려오고 재물도 가지고 올 테니까요. 고구려로서는 국력을 키울 수 있는 절호의 기회였습니다. 하지만 풍홍을 받아들이면 북위와 등을 돌리는 것과 마찬가지예요. 굉장히 부담스러운 일이죠.

고심하던 장수왕은 결단을 내립니다. 북위가 북연을 함락하려는 순간, 산등성이에서 커다란 나팔소리가 들려요. 바로 고구려 군대의 나팔소리였습니다. 얼마나 대규모의 군대를 보냈냐면, 군사들의 행렬이 무려 32킬로미터나 이어졌다고 해요. 고구려 군대가 풍홍의 무리를 호위해서 떠나는데도 북위의 군대는 그냥 멀뚱멀뚱 보고만 있었습니다. 고구려의 군사력이 워낙에 막강했어요. 괜히 전면전을 펼쳤다가 북위의 군사들이 극심한 피해를 볼 수도 있었지요. 게다가 고구려가 동맹을 맺은 국가가 한둘이 아니었던 만큼 여러 나라를 적으로 돌리게 될 수도 있었습니다.

북위는 고구려 군대가 풍홍을 데리고 간 뒤에야 항의합니다. 풍홍을 보내지 않으면 전쟁을 하겠다고 선포하죠. 그때 장수왕은 어떻게 했을까요? 큰소리를 치며 전쟁을 선포했을까요? 아니면 풍홍을 데려온 것을 후회하며 돌려보냈을까요? 전혀 아니었습니다. 오히려 조공을 바치면서 납작 엎드려요. 그러고는 북위를 살살 달랩니다. "풍홍이 다시 세력을 얻는 일은 절대 없을 것이다. 내가 막을 테니 나를 믿어라." 이렇게 답하지요. 북연의 왕은 여기 살아 있지만 아무런 힘이 없으니 걱정 말라고 한 거예요.

만일 이런 일이 지금 일어난다면 언론은 어떻게 반응할까요? 댓글은 또 어떨까요? '장수왕의 굴욕 외교', '국격 없는 나라 망신'이라는 기사가 나오고, 싸우면 이길 수 있는데 왜 그렇게 낮은 자세를 취하느냐고 비난 일색일지도 몰라요. 하지만 장수왕은 풍홍을 받아들임으로써 많은 자원을 얻었고, 북위에 몸을 숙임으로써 전쟁도 피했습니다. 이득을 취하고 손실은 피했어요. 체면을 잠시 내려놓은 대신 실속을 챙긴 겁니다. 이게 장수왕의 선택이었어요.

그런데 문제가 생깁니다. 고구려에 온 풍홍이 자신도 대국의 왕이었다면서 무리한 요구를 하기 시작한 거예요. 소위 '왕년에 내가'를 운운하면서 자기를 이렇게 대접하면 안 된다며 날뛴 거죠. 하지만 고구려 입장에서는 북위에 약속한 것도 있으니 풍홍에게 후한 대접을 할 수는 없습니다. 풍홍이 세력을 휘두르게 해서는 안 됐어요. 풍홍은 '너희들 이런 식으로 하면 후회할 거야!' 하면서 북위의 경쟁자인 송나라로 망명하기 위해 몰래 준비를 합니다. 송나라도 얼씨구나 했겠지요. 풍홍이 오면 가뜩이나 싸우고 싶었던 북위를 공격할 명분이 생기거든요. 하지만 풍홍의 계획은 발각되고 맙니다.

이 상황에서 장수왕은 두 번째 선택을 합니다. 가차 없이 풍홍을 처형합니다. 풍홍뿐만 아니라 그 일가를, 아들 손자까지 다 죽여버려요. 북위는 만족했겠지만 이번에는 송나라가 화를 냈어요. 송나라로 망명을 시도하는 정치 인사를 고구려에서 죽인 거잖아요. 열 받은 송나라는 풍홍 일가를 데리러 고구려로 떠났던 군사들에게 고구려 장수들을 죽일 것을 명합니다. 까딱하면 전쟁이 날 판국이에요. 장수왕은 또다시 고민에 빠집니다. 한두 나라만 얽혀 있는 게 아니다 보니 외교라는 게 정말 골치 아픈 문제예요. 풍홍 사건만 아니었으면 장수왕은 백 살 넘게 살았을지도 모릅니다.

여기서 장수왕이 세 번째 선택을 합니다. 고민을 거듭하던 장수왕은 고구려 장수들을 죽인 송나라 군사들을 송나라에 그대로 돌려보냅니다. "너희 군사들이 먼저 싸움을 걸었으니 너희 나라에서 알아서 처리해라" 그러면서 800필이나 되는 말까지 함께 보내요. 송나라 조정에서 보낸 군사임을 알면서도 일부러 그렇게 이야기한 거죠. 북위에 그랬듯이 한 번 더 물러난 것입니다.

이처럼 장수왕은 가능한 한 전쟁을 피합니다. 고구려는 힘이 있었어요. 여차하면 전쟁을 일으킬 수도 있었고, 이길 수도 있었습니다. 하지만 전쟁이 일어나면 승자도 큰 타격을 입을 수밖에 없습니다. 많은 사람이 죽고 다치니까요. 장수왕은 약간의 손해로 큰 피해를 막으려고 했습니다. 고구려는 단지 무력이 아니라 실속을 챙기는 유연한 자세로 전성기를 유지했던 거예요. 우리는 그 점을 기억해야 합니다.

사회생활을 하면서 겪는 거의 모든 문제는 체면과 실속 사이의 갈등으로 정리되는 것 같습니다. 체면을 지키자니 왠지 손해를 보는 것 같고, 실속을 챙기자니 자존심을 구기는 것 같죠. 그럴 때 저는 장수왕의 세 가지 선택을 떠올립니다. 장수왕에게 가장 중요한 목표는 고구려의 안정이었을 겁니다. 이를 위해 잘나가는 나라의 왕으로서 체면을 차리기보다 고구려의 안정에 도움이 되는 선택을 했어요. 그렇다고 매번 자존심을 내팽개친 것은 아닙니다. 풍홍 일가를 척결한 두 번째 선택을 보면 자존심을 세워야 할 때는 세울 줄 아는 인물이었어요. 그 누구보다 현명하게 명분과 실리를 택한 왕이라고 할 수 있습니다.

우리나라에 이런 인물이 많지 않은 것이 사실이에요. 역사를 돌아보면 우리나라는 명분과 자존심에 너무 많은 점수를 주곤 했습니다. 예를 들어 조선시대에 병자호란이 일어나는 과정을 보면요, 어떻게 이럴 수 있을까 싶을 정도예요. 임진왜란이 끝나고 조선 북쪽에는 여진족이 엄청나게 성장해 있었거든요. 누르하치가 여러 부족을 통일하고 금나라를 세웠어요. 이전에도 금나라가 있었기 때문에 조선을 비롯한 주변 국가들은 이를 '후금'이라고 불렀습니다. 얼마 지나지 않아 후금은 청나라로 국호를 바꿉니다. 훗날 명나라를 무너뜨리고 중원을 차지하는 그 청나라지요.

그만큼 후금의 세력이 컸음에도 광해군을 몰아내고 인조를 앞세워 권력을 잡은 서인 정권에는 명나라와 친하게 지내고 후금은 멀리한다는 '친명배금'의 명확한 외교 정책이 있었습니다. 실리도 실용도 필요 없고 오로지 명분에 입각한 외교였어요. 주변 상황 자체를 인식하지 못했고, 그럴 생각조차 없었습니다. 후금에서 조선의 왕족을 보내라고 하면 보내기는 해요. 보내기는 하지만 가짜 왕족을 보냅니다. 그리고 후금 사신들이 오면 제대로 대접하지 않았습니다. 오랑캐라고 깔본 거죠. 조선의 이런 태도가 꼭 전쟁의 원인이라고 할 수는 없지만, 병자호란이 일어나는 데 영향을 미쳤던 것은 사실입니다.

훗날 청나라에 방문한 박지원은 문화 충격을 받아요. 오랑캐 나라인 줄로만 알았는데 직접 가보니 굉장히 발전한 나라였

기 때문이죠. 일례로, 박지원은 청나라의 수레를 보고 놀랍니다. 수레에다가 짐을 실어서 물자를 교류하는 모습을 보고는 우리나라는 왜 저렇게 하지 않을까 의문을 가져요. 그런데 다른 사신들은 상업이 발달한 모습조차 우습게 봅니다. 오랑캐들이라서 돈만 탐낸다고 생각한 거예요. 조선의 양반은 상업을 천시했잖아요. 조선은 산이 많아서 길이 많이 나지 않았으니 수레도 필요 없다는 게 그들의 생각이었어요. 하지만 박지원의 관점은 달랐습니다. 수레를 만들면 길이 만들어진다는 거예요. 배울 점이 있으면 배워야 한다는 게 그의 생각이었습니다. 하지만 조선 조정에는 명분과 자존심이라는 색안경을 낀 사람들이 많았습니다. 그래서는 어떤 이익도 챙길 수가 없었겠죠.

요즘 많이 회자되는 단어 중 하나가 가성비죠? '가격 대비 성능'의 줄임말로 지불한 가격에 비해 소비자가 느끼는 효용이 클 경우 가성비가 높다고 말합니다. 소비 측면에서 보자면 체면보다 실속을 중요하게 여기는 추세인 것 같아요.

그렇다면 가성비를 삶의 문제에 대입시켜 보면 어떨까요? 자존심만 세우다가 손해만 보는 경우는 가성비가 낮은 선택입니다. 반면에 겉치레는 좀 덜하더라도 순이익이 발생하는 경우는 가성비가 높은 선택이죠. 우리나라는 다른 사람의 시선을 중요하게 생각하는 분위기가 있기 때문에 가성비가 높은 선택을 하는 데 큰 용기가 필요합니다. 저 역시 남들이 어떻게 생각할지, 남들에게 어떻게 보일지를 걱정하다가 정작 제 삶에 도움이 되는 선택을 하지 못한 경우도 많았어요. 그래서 요즘은 어떤 선택을 해야 할지 고민될 때 장수왕을 떠올리며 합리적으로 생각하려고 노력합니다. 겉으로 보이는 것보다 중요한 게 있다는 것을 다시 한번 깨닫게 해주거든요.

메시지를
효과적으로 전달하는 법

소통

저는 참 다양한 곳에서 강연 요청을 받는데, 그중 높은 비율을 차지하는 곳이 기업체입니다. 기업에서는 주로 혁신에 관한 주제를 원합니다. 자고 일어나면 바뀌는 세상이라 변화에 민감하게 대응하고, 좀 더 좋은 성과를 내기 위해 고민하는 것이 그분들의 일이니까요. 세상은 빠른 속도로 변하고 기업은 더 빨리 변해야 살아남는데, 늘 하던 대로 하다 보면 자칫 '고인 물'이 되기 십상입니다. 아마도 그래서 직원들에게 혁신을 강조하고 싶은 것이겠죠.

최근에는 모바일 게임 회사에 강연을 하러 갔습니다. 임원 대상의 강연이었는데 굉장히 젊은 기업이어서 누가 CEO인지 모르겠더라고요. 모두 양복 대신 청바지를 입고 있어서 역시 게임 회사는 다르구나 생각했습니다.

그날 저는 앞서 소개했던 신라의 삼국통일 과정을 이야기 했습니다. 위기를 기회로 바꾸기 위해서는 비전을 공유할 것, 그리고 발상의 전환을 통해 혁신할 것. 이 두 가지를 강조하기 위해서였죠.

CEO라면 한 가지 교훈을 더 얻을 수 있겠죠. 선덕여왕이 황룡사 9층 목탑을 세웠던 것처럼 리더로서 명확한 비전을 제시하고, 그 비전을 직원들과 공유하기 위해 소통해야 한다는 것입니다. 회사의 목표에 직원들이 공감하지 못하면 그 회사는 발전하지 못합니다. 발전한다고 하더라도 한계가 있을 거예요. 공동의 목표가 아니라 자신의 이익만을 생각하며 일할 테니까요.

강연이 끝나고 질문을 받는 시간이 되자 어떤 분이 손을 들었습니다. 우리 회사도 지금 신라와 같은 위기를 겪고 있는 것 같다는 것이 그분의 첫마디였습니다. 고구려와 백제처럼 기반을 다진 회사들에 비하면 신라처럼 작고 힘없는 회사라는 것이죠. 신생 회사들이 끊임없이 생겨나고 기존 회사들이 줄줄이 폐업하는 업계 특성상 불안감이 크다고 했습니다. 그러더니 "이 위기를 어떻게 돌파해야 할까요?"라고 질문했어요. 그래서 제가 "글쎄요, 그건 여러분의 몫 아닐까요? 여러분이 역사에서 자극과 힌트를 얻을 수 있도록 단초가 되는 이야기를 전하는 것이 저의 몫이고, 그것을 참고하여 현실의 해결책을 구하는 것은 여러분의 몫이지요"라고 말하고 "저는 경영은 모릅니다. 역사학과 출신이에요"라고 덧붙였더니 다들 웃으시더라고요.

그런데 제게 질문을 던졌던 분이 제 답변이 끝나자마자 마치 기다렸다는 듯 이렇게 말씀하셨습니다. "그럼 제가 신라의 사례를 참고해서 이렇게 생각해볼 수도 있는 걸까요?"로 말문을 열더니 역사에 빗대서 앞으로의 경영 과제에 대해 쭉 이야기했습니다.

저는 그분의 이야기가 끝나자마자 "혹시 CEO이신가요? 임원들에게 하고 싶은 말을 저를 통해서 하신 거죠?" 하고 물었습니다. 그랬더니 다들 빵 터졌습니다. 역시나 제 예상이 맞았던 거지요.

그분이 강연을 주최한 이유가 뭘까요? 역사 이야기를 듣는 것도 좋지만, 강연 시간을 통해 자신의 메시지를 전하고 싶었던 것입니다. 하고 싶은 이야기가 있었던 거예요. 하지만 사장이 사람들을 한자리에 모아놓고 그 앞에 서서 자신의 생각을 말하면 어떻겠어요? 사장은 소통을 원해서 마련한 자리지만 듣는 입장에서는 그렇게 느껴지지 않습니다. 그냥 지시를 받는다고 생각할 수 있어요. 학교 조회시간에 듣는 교장선생님 훈화처럼 지루한 잔소리로 들릴 게 뻔합니다. 그래서 역사 강연을 함께 듣는 시간을 준비했던 겁니다. 재미있는 역사 이야기를 들으면서 공통의 주제에 대해 함께 논의해보면 좋겠다고 생각했던 거죠. 부드러운 분위기 속에서 회사의 상황을 진단하고 우리가 어디로 나아가야 하는지 방향성을 공유할 수 있는 시간, 거기에다 사장의 생각까지 전달할 수 있으니 이거야말로 금상첨화가 따로 없습니다.

기업에서 외부 강사까지 초청해 강연을 진행하는 것도 이 때문입니다. 사실 실무자 입장에서는 업무 효율이 중요합니다. 할 일도 많고, 퇴근시간 전까지 일을 다 마치고 싶은데 굳이 시간을 내서 강연도 들어야 하니 불만도 생길 수 있어요. '왜 갑자기 역사 이야기를, 인문학 강의를 들으라고 하는 걸까? 이게 당장 업무에 도움이 되는 것도 아닌데' 이런 생각이 들 거예요. 진짜 의도는 강연이 끝나면 알 수 있습니다. 신라의 삼국통일이 소재였다면 '주어진 일을 처리하느라 모두의 목표나 새로운 발상은 무시하고 있지 않나요?' 등의 메시지를 직원에게 던지겠지요. 저는 그 회사의 CEO를 보면서 이분이 야말로 역사의 쓸모를 잘 알고 활용하는구나 하고 생각했습니다.

누군가와 소통하기 위해 역사만큼 자연스러운 도구도 없습니다. 2018년 2월, 북한 고위급 인사들이 청와대를 방문했어요. 김정은의 여동생이자 노동당 중앙위 제1부부장을 맡은 김여정, 그리고 북한 최고인민회의 상임위원장인 김영남입니다. 두 사람은 먼저 평창 동계올림픽 개막식을 참관하고 다음 날 문재인 대통령과 오찬을 가졌습니다. 개막식에서 남북한 선수들이 단일팀으로 함께 입장하는 모습에 감격했다던 김영남 위원장은 "역사를 더듬어보면 문씨 집안에서 애국자를 많이 배출했다"라는 말을 했습니다. 그러면서 문익점 이야기를 꺼내지요. 목화씨를 갖고 들어와서 인민에게 큰 도움을 주었다고요.

문익점은 고려 말의 문신으로 원나라에 갔다가 목화씨를 들여온 것으로 잘 알려져 있습니다. 그 시절 문익점의 업적은 정말 굉장한 것이었습니다. 목화가 우리 조상들의 의생활에 얼마나 큰 기여를 했냐면요, 고려시대에는 다들 모시나 삼베를 입었어요. 할아버지들이 여름에 입는 까칠까칠한 질감의 옷 같은 것이죠. 겨울에도 그런 옷을 입는다고 상상해보세요. 아무리 겹쳐 입어도 헐벗은 것이나 다름없었을 겁니다. 그나마 부유한 귀족들은 짐승의 가죽이나 털을 이용해 옷을 만들어 입었겠지만, 일반 백성들은 정말 견디기 힘들었을 거예요.

한반도에 없던 목화씨를 들여온 문익점 덕분에 백성들은 부드러운 무명옷을 입게 되었고, 겨울에는 목화솜을 넣어 솜옷도 만들어 입을 수 있게 되었습니다. 백성들의 삶의 질이 얼마나 높아졌겠어요. 우리나라 의복 문화가 문익점 이전과 이후로 나뉜다고 해도 과언이 아닙니다.

김영남 위원장은 문익점이라는 인물을 내세워 문재인 대통령과 대화를 시도했습니다. 왜 그랬던 걸까요? 효과적으로 자신의 메시지를 전달하기 위해서 그랬던 거예요. 그는 바라는 것이 있었을 겁니다. 남북의 평화와 통일을 위해, 더욱 활발한 교류와 경제 협력을 위해 다시 만남의 기회를 갖자는 메시지를 전하고 싶었겠지요. 그런데 이대로 전달하면 너무 공식적인 말이 되어버리잖아요. 지나치게 딱딱하거나 무겁지 않고 자연스럽게 언급하고 싶은데 말이지요.

외교적인 만남과 대화에 '그냥'이라는 것은 없습니다. 어떤 말이든 그냥 툭 던지는 것은 없고, 큰 고민 없이 아무렇게나 던져서도 안 되지요. 김영남 위원장 또한 어떻게 이야기를 풀어 나갈지 고민했을 겁니다. 문재인 대통령에 대해 조사하고, 준비했을 거예요. 그런데 대한민국 대통령이 문씨란 말이죠. 남평 문씨. 남평 문씨 충선공파 33세손이라고 해요. 여기서 충선공이 바로 문익점입니다. 아마 '이거다!' 하며 무릎을 탁 쳤을 것 같아요.

백성의 삶을 윤택하게 만들었던 문익점이라는 인물을 예로 들어서 문씨 집안에 애국자가 많음을 강조하고, 문재인 대통령 역시 그런 사람이라는 칭찬을 한 거예요. 당신 집안은 이런 사람을 많이 배출하는 집안이고 당신도 그런 일을 할 것이라는 공감대를 형성하기 위해 역사라는 소재를 끌어온 것입니다. 문재인 대통령 당신도 우리 모두를 위해 애써줄 것을 믿으며, 그렇게 해달라는 속뜻까지 담겨 있는 것이지요.

좋은 관계는 좋은 대화로 만들어집니다. 개인 간에도 그런 법인데 나라를 대표해 만나는 경우야 오죽하겠습니까. 어떤 소재를 택해야 편안한 분위기를 만들고 원하는 바를 전달할 수 있을지 고민할 수밖에요. 나와 상대방이 관심사를 공유하고 서로의 말에 공감하면서 마음을 열어야 비로소 진정한 소통이 가능해집니다. 그런 의미에서 문익점 이야기는 아주 좋은 연결 고리였다고 생각합니다.

'소통'의 사전적 정의를 찾아보면 '뜻이 서로 통하여 오해가 없음'이라는 풀이가 나옵니다. 언뜻 보면 쉬울 것 같지만 사실은 굉장히 어려운 일이죠. 같은 문장을 보고도, 같은 말을 듣고도 서로 이해하는 바가 다른 경우가 비일비재합니다. 사람마다 자라온 환경과 가치관, 지향점이 달라서 같은 말을 두고도 여러 가지 해석이 나올 수밖에 없기 때문입니다.

그러니 상대방에게 개떡같이 말해도 찰떡같이 알아들어 주길 원하면 안 됩니다. 대신 찰떡같이 말할 수 있도록 노력해야해요. 내 메시지를 찰떡으로 만들어주는 것이 바로 역사입니다. 한 줄의 메시지를 전달하는 것이 아니라 주제가 있는 이야기를 던지는 것이기 때문에 머리와 마음으로 이해하게 되거든요.

누군가와 처음 만나서 이야깃거리가 없을 때 역사를 화제에 올리는 것도 좋은 방법이지요. 공감대를 형성하는 데 효과적입니다. 처음 관계를 맺을 때 상대와 나 사이에 연결 고리를 찾으려고 많이 노력하잖아요. 그래서 출신 학교를 묻고, 지역을 묻고 하는데 그것보다는 역사적 사실로 다가가는 게 훨씬 더 그럴듯해 보이지 않겠어요? 역사는 꽤 유용한 소통의 도구입니다. 어떤 이야기를 꺼내서 상대와 나 사이의 공통점을 찾아야 하는지 고민된다면 역사에서 답을 찾아보세요. 분명 같은 경험이나 감정을 공유할 수 있는 좋은 연결 고리가 있을 겁니다.

인기 스타처럼 떠오르는

동시대 인물을 멘토로 삼는 대신

역사에서 롤모델을 찾아보면 어떨까요?

전 생애를 통해

우리에게 조언을 건네는 그들이

흔들리고 무너지기 쉬운 인생길에

든든한 조력자가 되어줄 것입니다.

[3장]

한 번의 인생, 어떻게 살 것인가

억압으로부터
자유로워지려면

정도전

한때 대한민국에 '멘토' 열풍이 불었던 적이 있습니다. 지식이나 경험을 바탕으로 다른 사람에게 조언해주는 사람을 멘토라고 하는데요, 요즘처럼 힘든 시기에 멘토를 만나기 위해 노력하는 사람이 많은 것도 이상한 일은 아닙니다. 현명한 스승은 흔들리고 무너지기 쉬운 인생길에 든든한 조력자가 되어주니까요.

그런데 시대의 멘토라고 불리며 지지를 얻던 사람들이 가끔 논란에 휘말리기도 합니다. 다방면으로 검증되지 않은 인물이 유행처럼 인기를 얻다가 이런저런 이유로 질타를 받고 순식간에 몰락하는 모습을 보면 안타까운 마음이 듭니다. 본인에게도 상처지만 그를 따르던 사람들에게도 큰 충격일 테니까요.

동시대 사람을 멘토로 삼으면 간혹 이런 일이 생깁니다. 사람은 누구나 완전하지 못하기 때문입니다. 훌륭한 사람이지만 실수할 수도 있고, 원래 부족한 사람인데 과대평가되었을 수도 있죠.

그래서 저는 역사 속 인물을 멘토로 삼습니다. 그리고 농담처럼 이렇게 얘기합니다. 이미 검증된 분이라 걱정이 없다고요. 실제로 그래요. 언제 탈이 생길지 모르는 멘토 대신 역사에서 롤모델을 찾는 편이 낫지 않나 하는 생각이 듭니다. 그분들은 강연을 열지도 않고 텔레비전에 출연할 수도 없지만, 전 생애를 통해 우리에게 조언을 건네고 있습니다.

여기 집안도 별 볼 일 없고, 돈도 없고, 심지어 직장에서도 쫓겨난 남자가 있습니다. 그래도 뭔가 해보겠다고 일을 벌이

는데 족족 망합니다. 성격은 또 얼마나 깐깐한지 타협이라곤
모릅니다. 그러면서 세상을 탓합니다. 세상이 잘못돼서 자기
가 이렇게 산다는 거죠. 세상뿐 아니라 마음에 들지 않는 사람
은 죄다 욕합니다. 딱 사회 부적응자의 모습이죠. 그런데 잘못
된 세상이라고 욕만 하는 게 아니라 아예 잘못된 세상을 뒤집
어엎겠다고 나섭니다. 그의 이름은 정도전. 자신의 이름처럼
'도전'의 연속인 삶을 살다 간 인물입니다.

　정도전은 고려 말기에 향리 집안에서 태어났습니다. 향리는
지방 행정을 담당하는 관리로, 수령처럼 중앙에서 임명되는
관리가 아니라 그 지역에 살면서 대대로 수령을 보좌하며 사
는 사람입니다. 조선시대의 향리만큼 지위가 낮은 것은 아니
었지만, 고려시대의 향리도 이렇다 할 힘은 없었습니다. 지역
유지 정도라고 할까요? 정도전의 집안은 딱히 내세울 만한 것
도 없었죠. 어쨌거나 정도전은 과거에 급제해 관직 생활을 시
작합니다. 개혁적인 성향을 가진 신진사대부였던 만큼 원나
라를 배척하는 개혁 정치를 펼치던 공민왕의 총애를 받기도
했지요.

　당시 원나라는 쇠락의 길을 걷고 있었습니다. 한족 왕조인
명나라에 수도를 빼앗기고 몽골 지역으로 쫓겨나죠. 이를 북
원北元이라고 합니다. 성리학을 공부했던 신진사대부는 몽골

이 세운 원나라보다 한족 정통성을 가진 명나라를 높이 평가했습니다. 정도전 또한 명나라의 시대가 올 것이라고 믿었던 친명 세력이었습니다. 그러나 공민왕은 피살되었고, 친원파인 고려 권문세족의 힘은 사그라지지 않았습니다. 어린 나이의 우왕을 즉위시키고 정권을 잡은 이인임도 그중 한 명이었죠.

이인임은 친명파 신진사대부인 정도전에게 고려에 온 북원 사신을 접대하라고 지시합니다. 그런데 정도전은 단칼에 거부해요. "나는 원나라를 싫어하는 사람인데 어떻게 접대를 하라는 거냐?" 하면서 반발하죠. 위에서 그걸 이해하겠어요? 그래도 가서 접대하라고 합니다. 그랬더니 정도전이 나에게 그 일을 맡긴다면 그 사신을 죽이든지 포박해서 명나라로 보내버리겠다고 합니다. 보통 성격은 아니죠. 주위에서도 어이가 없었을 거예요. 아무리 그래도 원나라 사신을 죽이겠다니 '뭐 이런 놈이 다 있어?' 그랬겠죠.

결국 정도전은 명령에 불복종한 죄로 유배를 가게 됩니다. 나주에서 2년간 유배 생활을 했는데 복직이 안 돼요. 함께 유배 갔던 신진사대부들은 권문세족과 사이가 안 좋더라도 하나둘씩 복직을 하는데, 정도전만큼은 조정에서 부르지 않습니다. 그때부터 무려 10여 년 동안 정도전은 여기저기를 떠돌며 생활합니다.

정도전은 원나라가 싫기도 했지만, 고려도 싫었던 거예요. 어느 왕조든 말기에는 혼란이 가득합니다. 고려 말기도 마찬가지였어요. 무려 40년 가까이 몽골의 침입을 받으면서 나라 꼴이 말이 아니었습니다. 전쟁이 나면 사람이 많이 죽을 수밖에 없죠. 고아가 많아지고 이산가족도 생겨요. 땅이 황폐해지면서 백성들의 삶도 파탄 납니다. 오랫동안 원나라의 간섭을 받은 탓에 조정은 엉망이고 국교인 불교의 폐단도 커졌습니다. 그 와중에 권문세족의 부정부패는 점점 심해졌어요. 이들이 대토지를 경영하면서, 농민들은 땅을 빼앗기고 노비로 전락합니다. 노비는 세금을 내지 않으니 자연히 국가의 조세 수입도 줄어들었습니다. 엎친 데 덮친 격으로 중국의 홍건적과 왜구까지 고려를 침략했습니다. 그야말로 '말세'라는 말이 절로 나오는 상황이었습니다.

조정으로 돌아가지 못한 정도전은 후학을 양성하기 위해 당시 삼각산이라고 불렸던 북한산에 조그만 학교를 세웁니다. 하지만 정도전을 미워하는 세력 때문에 제대로 운영하지 못합니다. 찾아와서 다 때려 부수거든요. 지금의 부평 쪽으로 쫓겨 가서 다시 후배들을 좀 가르쳐보려 했는데 또 철거되고, 다음에는 김포로 가……. 요즘 시대로 치면 정도전은 전과자예요. 유배 다녀온 죄인 출신인 데다가 세상과 불화하고 타협

하지 못하는 성격 때문에 도처에 적도 많았습니다. 재야의 지식인으로 살며 재기를 노리지만 기회는 쉽게 오지 않습니다.

정도전의 부인은 가슴을 칩니다. 남편이 가진 건 없어도 국가를 위해 일하는 훌륭한 관리가 되겠거니 생각했는데 떠돌이나 다름없이 생활하니까 얼마나 속이 상했겠어요. 그래서 어느 날 정도전에게 한마디 합니다. 어쩌다 국법을 어긴 죄인이 되어 우리가 이렇게 방랑하며 살아야 하느냐고 하죠. 정도전은 이게 다 하늘의 뜻이라고 대답합니다. 순식간에 나락으로 떨어졌음에도 느긋한 태도를 취해요. 하지만 머릿속으로는 새로운 세상을 그리고 있었습니다.

유랑 생활 동안 정도전은 자신의 한계를 인식했습니다. 정도전의 어머니에게 노비의 피가 섞여 있었거든요. 이게 정도전의 약점이었던 겁니다. 정도전이 유배를 당할 시점에 정몽주도 유배를 가는데요, 둘 다 유배 생활이 끝났는데 정몽주만 복직을 합니다. 정도전은 그러지 못했고요. 천민의 피가 흐른다는 것이 정도전이 다시 조정으로 돌아가지 못한 이유 중 하나였습니다.

2년간의 유배 생활과 7년간의 유랑 생활이 그에게 고통만 안겨준 것은 아니었습니다. 밑바닥에서 보니 백성들의 현실이 눈에 들어왔어요. 잦은 전쟁으로 헐벗고 굶주린 백성들의 삶은 정말 비참했습니다. 가난에 한 번 울고, 가진 자들의 수탈에 또 한 번 울어야 했어요. 먹을 것도 없는 판국에 불합리한 조세 제도까지 더해져 이중으로 세금을 내야 하는 등 그야말로 총체적 난국이었습니다. 조정에만 있었다면 백성의 이런 사정을 자세히 알지 못했을 겁니다.

정도전은 무언가 잘못되어도 단단히 잘못되었음을 느낍니다. 정의롭지 않은 사회에 분노하지요. 바로잡고 싶은 마음은 굴뚝같지만 고려 조정에서 변화를 일으키는 건 거의 불가능한 일이었어요. 권문세족과의 불화, 신분상의 결함 등 벽이 너무 높았습니다. 정도전은 벽 앞에서 멈추는 대신 벽을 깨부수기로 합니다. 내 신분 때문에 관직 생활을 못 할 수밖에 없구나 하고 좌절하는 대신 관직 생활을 못 하게 하는 세상을 바꿔버리겠다고 다짐한 거예요.

'세상이 나를 이렇게 대접하다니, 이건 불합리해!' 이게 그의 반응이었습니다. 세상을 향한 태도였습니다. 이렇게밖에 살 수 없는 자신을 연민하고, 세상을 향해 불평불만을 쏟아내는 것이 아니라 바꿔보려고 했어요. 고려에서 안 된다면 다른 왕조를 세우자고 결심한 거죠. 혁명을 꿈꾼 거예요.

정도전은 자신의 뜻을 이루기 위해 사람을 물색합니다. 자기에게는 없는 힘을 가진 사람을 찾았던 거죠. 그리고 고려의 영웅으로 불리던 인물을 찾아갑니다. 그가 바로 이성계입니다. 이성계는 수많은 전투에서 혁혁한 공을 세운 인물이었습니다. 함경도에서는 어마어마한 세력을 자랑했지만, 이성계 또한 정도전과 같이 치명적인 약점을 가지고 있었어요.

아시다시피 이성계는 전주 이씨입니다. 시조는 전주 사람이지만, 4대조인 이안사가 전주를 떠나 삼척으로, 그리고 다시 함경도로 이주했지요. 전주 지역의 관리와 불화가 생겨 떠난 것이었는데, 무려 170호 그러니까 170가족을 데리고 갔어요. 본래 권세가 있는 가문이었음을 알 수 있지요. 고려 조정에서는 이안사에게 원나라 군사를 막는 임무를 주었지만 이안사는 원나라에 항복했습니다. 그 뒤로 이성계의 가문은 원나라가 고려 북부를 통치하기 위해 설치한 쌍성총관부에서 주위 고려인을 관리하는 일을 합니다. 그 지역에 살았던 여진족도 통솔했지요. 그러다가 원나라가 몰락할 때쯤 이성계의 아버지인 이자춘이 쌍성총관부를 공격해 점령하면서 다시 고려로 귀순했습니다. 이성계는 고려인의 후손이지만 변방에서 태어났고, 여진족의 문화에 익숙했어요. 아무리 많은 공을 세웠다한들 고려 조정의 관리들에게는 상당히 이질적인 존재였을 거예요.

이런 점을 잘 알고 있던 정도전은 이성계가 어떤 인물인지 살펴봅니다. 견적을 내본 거죠. 그리고 잘 훈련된 이성계의 군대를 보면서 의미심장한 말을 던져요. "이만한 군대로 무슨 일인들 못 하겠습니까?" 이성계는 정도전에게 무슨 뜻이냐고 묻습니다. 정도전은 왜구를 칠 수 있다는 말이었다고 답하지만 사실 두 사람 모두 그 속뜻을 알고 있었습니다. 물론 더 이상 말을 이어갈 수는 없었지요. 내뱉는 순간 역모가 되니까요. 성공하면 혁명이지만 실패하면 반역이잖아요. 하지만 그날 두 사람은 새 왕조의 그림을 이미 그려놓았는지 모릅니다.

결국 이성계는 위화도회군으로 조정의 권력을 장악하고 뒤이어 조선이라는 새로운 나라를 세웁니다. 조선의 왕이 된 사람은 이성계지만, 조선의 기틀을 닦고 질서를 만든 사람은 정도전이었어요. 어느 정도였냐면, 정도전이 한양 지도를 펼쳐 놓고 선을 하나 그으면 그것이 길이 되었습니다. 정도전이 붓으로 그은 길을 600년이 지난 지금도 우리가 거닐고 있어요. 그가 점을 뚝뚝뚝뚝 찍은 곳에는 성문이 건립되었습니다. 도성을 중심으로 한 사방의 문들, 흥인지문, 숭례문, 숙정문, 돈의문이 모두 정도전의 구상에 따라 만들어졌어요. 한마디로 정도전은 조선의 설계자였습니다.

정도전의 사상은 굉장히 급진적이었습니다. 모든 토지를 몰수해서 백성들에게 무상으로 나눠주고, 노비들도 해방시키자

고 주장했어요. 기득권 계층의 반발로 그 뜻을 다 이루지는 못
했지만 기본적으로 다른 사람들보다 시대를 앞서 있었어요.
정도전은 왕과 귀족만이 사람 취급을 받던 시대에 백성이 나
라의 근본이라는 민본주의를 실현하려 했습니다. 왕 한 사람
이 나라를 좌우하는 전제 왕권을 경계하고 재상을 중심으로
하는 정치를 지향하기도 했지요. 왕은 있지만, 실질적인 정치
는 유능한 재상에게 맡기자는 거예요. 왕은 실력으로 뽑히는
게 아니니까요. 그 시대에 보기 드문 대단히 급진적이고 선진
적인 사람입니다.

그러나 무엇보다 주목해야 할 사실은 그가 대안을 제시하는
사람이었다는 것입니다. 유배당하고 유랑하면서 만난 비뚤어
진 세상에 문제의식을 느낀 정도전은 그런 세상을 고쳐야 한
다고 생각했습니다. 그리고 그 해결 방법을 하나하나 치밀하
게 고민했어요. 길고 막막한 인생의 터널에서 주저앉는 대신
자신이 바라는 세상을 만들기 위해 움직였습니다. '나 같은 사
람을 이렇게 대접하다니, 고려 망해라!' 하면서 괴로워하고
술이나 퍼마셨다면 정도전이라는 이름은 역사에서 잊히고 말
았을 것입니다.

정도전에게 고려가 그러했듯이 지금 우리 사회도 행복하게
살기가 쉽지 않습니다. 우리는 너무 자주 부조리와 불합리를

목도합니다. 이럴 때 '내가 못나서', '내가 부족해서', '내가 졸업한 학교가 별로라', '우리 집이 가난해서'라고 생각할 수도 있지만 저는 그러지 않았으면 좋겠어요. 정도전처럼 시대와의 불화로 나락에 떨어졌을 때 이렇게 된 가장 큰 이유가 무엇일까를 고민하고, 사회와 자신에 대한 인식과 비판의 불을 항상 환하게 밝혀놓았으면 합니다. 그러면 쉽게 좌절하거나 비현실적인 꿈을 꾸는 대신 지금 내가 여기서 할 수 있는 것이 눈에 보일 겁니다. 어쩌면 '나'의 어려움을 극복하는 과정에서 '우리'의 어려움도 해결할 수 있는 방법을 찾을지도 모르고요.

자신의 인생만큼은 대안 없이 성급하게 비판하거나 포기하지 않았으면 합니다. 물론 자신이 비판하는 것에 대해 진지하게 해결책을 고민하고 대안을 제시하며, 나아가 그것을 실현하고자 노력하는 것은 결코 쉽지 않습니다. 하지만 그 어려운 일을 해내는 사람만이 자신을 둘러싼 상황을 조금이나마 바꿔나갈 수 있습니다. 그리고 그런 사람들이 늘어날 때 높게만 보이던 벽도 서서히 무너지게 될 것입니다.

삶을 던진다는
것의 의미

김육

저는 가끔 강연 중에 청중에게 묻습니다. 인생의 화두가 무엇이냐고 질문을 던져요. 대답은 세대에 따라 달라집니다. 젊은 사람의 화두는 취업이나 연애고, 중년은 자녀 혹은 내 집 마련에, 좀 더 나이가 든 분들은 건강에 관심을 가져요. 정의나 평화, 나눔과 같은 가치를 화두로 꼽는 사람도 있습니다. 저마다의 목표가 있고 그 목표를 이루고자 열심히 살아갑니다.

그런데 평생을 다해 이루고 싶은 것이 있는지 물으면 대부분 쉽게 답하지 못합니다. 사랑도, 돈도, 다른 목표도 다 중요하지만, 정말 내 삶을 던질 만큼 간절히 원하고 있는지는 확신하기 어려우니까요. 아마 그런 생각을 해본 사람 자체가 그리 많지 않을 거예요. '이걸 이룰 수만 있다면 내 인생을 바쳐도 좋다!' 이렇게 말할 만한 무언가가 있다는 건 참 대단한 일입니다.

이런 주제가 나올 때마다 제가 꼭 소개하는 인물이 있습니다. 바로 조선 후기의 문신이자 학자인 김육입니다. 김육이라는 이름을 처음 들어보는 사람도 많을 거예요. 이분에 대해서는 짧고 굵게 설명할 수 있습니다. '대동법의 아버지' 더 이상의 수식어는 필요하지 않아요. 그만큼 대동법 시행에 온 힘을 쏟은 인물입니다.

대동법이란 쌀로 세금을 내는 제도예요. 당시 백성이 내는 세금은 크게 세 종류가 있었습니다. 각각 전세, 역, 공납이라고 했는데요. 전세는 토지에서 생산한 것의 일부를 내는 거니까 지금으로 치자면 소득세 같은 것입니다. 역은 노동력을 제공하는 거예요. 요역은 국가에서 궁궐을 짓거나 길을 만들 때 노동력을 제공하는 것이고, 군역은 군대에 가서 국방의 의무를 수행하는 거고요. 어찌 보면 지금도 존재하는 세금 형태라고 볼 수 있겠습니다.

문제는 공납입니다. 공납은 지역 특산물을 바치는 거예요. 백성들에게는 공납이 굉장히 큰 부담이었습니다. 예를 들어 제주도의 특산물은 귤이잖아요. 지금이야 마트에 가면 산처럼 쌓여 있지만, 옛날에는 귤이 무척 귀했어요. 운송 수단도 변변치 않은데 한반도의 가장 남쪽, 그것도 섬에서 가져와야 했으니 희소가치가 클 수밖에 없었죠. 왕이 공신이나 과거시험에서 일등을 한 장원에게 주는 하사품이 귤 몇 알 정도였습니다. 하사품을 받은 사람들은 귤을 가지고 와서 가족들과 한 쪽씩 나눠 먹었어요. 그 정도로 귀한 과일이었습니다.

제주도 백성들은 당연히 귤을 공납으로 바쳐야 했습니다. 어느 마을에 귤 100상자 하는 식으로 할당량이 다 있었어요. 귤나무에 귤이 열리기 시작하면 관리들이 찾아왔습니다. 아직 콩알만 한 귤을 모조리 세어서 나중에 몇 개를 제출하라고 미리 정해줍니다. 100상자를 채우기 위해 집집마다 분배를 해주는 거죠.

그런데 처음에 열린 귤이 모두 수확되는 것은 아니었습니다. 썩는 것도 있고, 떨어지는 것도 있고, 새나 동물이 몰래 먹는 경우도 있겠죠. 게다가 제주도에는 바람이 엄청나게 많이 불잖아요. 하지만 그런 변수는 고려하지 않아요. 사정을 봐주지 않습니다. 그렇다고 썩은 귤을 조정에 바칠 수도 없어요.

공납용 귤을 준비하는 일이 너무 힘들어서 귤나무에 뜨거운 물을 붓는 농민도 많았다고 합니다. 몰래 귤나무를 죽였던 거예요.

사람들이 공납 때문에 괴로워하니까 수수료를 받고 공납을 대신 내주는 대행업자까지 등장합니다. 요즘도 대행 업체들이 있잖아요. 조선시대에도 그런 사업을 하는 자들이 생겨난 거죠. 이 사람들을 방납업자라고 합니다. 여기에서 방은 '막을 방防' 자예요. 공납을 막아준다는 거죠.

이제 좀 숨통이 트이나 싶었던 백성들은 곧 더욱 고통스러운 상황을 맞게 됩니다. 방납업자들이 공납을 걷는 사또와 결탁했기 때문입니다. 그런 사또는 방납업자의 특산물만 받아요. 백성들 입장에서는 원하지 않아도 무조건 방납업자에게 공납을 맡길 수밖에 없는 거예요. 당연히 방납업자들은 마음대로 값을 올립니다. 나중에는 도를 넘어서 말도 안 되는 상황이 벌어져요. 귤이 한 상자에 1만 원이라면 방납업자는 귤 한 상자를 내주면서 10만 원을 받는 식이에요. '그럴 바에는 그냥 내가 어떻게든 마련하겠다' 해서 사또에게 직접 귤을 바치면 사또는 안 받죠. 이건 상처가 났고, 이건 색깔이 안 좋고, 이건 맛이 없어 보이고……. 별의별 트집을 다 잡아요. 이런 걸 어떻게 임금님에게 바치느냐고 도리어 큰소리를 칩니다.

결국 백성들은 울며 겨자 먹기로 방납업자들의 10만 원짜리 귤을 살 수밖에 없었어요. 그러면 방납업자들이 사또에게 사례비를 주는 거죠. 그 돈을 당시에 뭐라고 했는지 아세요? '인정人情'이라고 했어요. "너 왜 이렇게 인정이 없냐?" "사또, 이게 다 인정입니다." 이랬던 거예요. 사람의 따뜻한 마음을 뜻하는 말이지만, 저는 인정이라고 하면 부정부패가 떠오릅니다. 이 인정 때문에 백성들이 죽어났어요.

대동법은 공납의 문제를 해결하기 위한 개혁안이었습니다. 그냥 쌀로 세금을 내자는 거예요. 그때의 쌀은 화폐랑 똑같았어요. 조정에 바칠 양을 채우기 위해 이 집, 저 집 개수를 할당할 필요도 없어요. 백성들 입장에서는 무척 반가운 내용이죠. 그런데 대동법이 특히 혁명적이었던 건 토지에 부과된 세금이라는 점이에요. 공납은 집집마다 부과되는 것이라 누구나 다 내는 것이었다면 대동법은 토지 한 결마다 세금이 매겨져 땅을 가진 사람만 세금을 내게 하는 제도였어요. 토지가 없거나, 적게 소유하고 있던 일반 백성에게는 감세인 반면 넓은 토지를 소유한 양반 지주에게는 증세였던 셈이죠.

이 법안이 시행되기란 하늘의 별 따기였습니다. 조정 대신들이 자신들에게 불리한 정책을 통과시킬 리가 없으니까요. 요즘 같아도 쉽지 않을 텐데 양반이 곧 지주인 신분제 사회에서는 더욱 어려운 일이죠. 하지만 공납으로 인한 문제가 극심해져서 결국 광해군은 경기도에서만 대동법을 시행하기로 합니다.

사실 광해군은 대동법을 적극적으로 찬성하지는 않았습니다. 왕은 기본적으로 선대의 질서를 유지하려는 보수적인 성향을 가지고 있어요. 경기도에서만 대동법을 시행한 것도 영의정 이원익이 강력하게 밀어붙인 결과입니다.

경기도에서만 시행되던 대동법이 전국적으로 확산되는 데 무려 100년이 걸립니다. 한 세기가 흐른 거죠. 그 긴 시간 동안 대동법 확산을 위해 인생을 바친 사람이 바로 김육이에요.

김육은 1580년에 태어났습니다. 김육이 열두 살 때 임진왜란이 터져서 아버지가 돌아가셨어요. 10대에 소년 가장이 됐는데 곧이어 어머니도 돌아가십니다. 힘든 상황에서도 과거에 합격해 스물네 살에 성균관에 들어갔어요. 4년이 지나 광해군이 왕위에 오르자 김육을 비롯한 성균관 유생들은 「청종사오현소請從祀五賢疏」라는 상소를 올렸습니다. 김굉필, 정여창, 조광조, 이언적, 이황 이렇게 다섯 명의 학자를 문묘에 모시자는 내용이었어요. 당시 북인의 수장이었던 정인홍은 이를 반대했고, 광해군은 정인홍 편을 들어줬어요. 심하게 반발한 성균관 유생들은 처벌을 받았습니다. 요즘으로 따지면 총

학생회 활동을 했던 김육도 대과 응시 자격을 빼앗겼지요. 더 높은 관직으로 나아갈 방법이 없어진 거예요.

영창대군이 살해되는 등 조정에 혼란이 더해지자 김육은 성균관을 박차고 나와 귀농해버립니다. 가족을 데리고 가평의 잠곡이라는 곳으로 갔어요. 벼슬도 잃고 부모도 없으니 무슨 돈이 있겠어요. 집 지을 돈도 없어서 땅을 파고 움막 생활을 해야 했습니다. 2년을 고생한 후에야 겨우 집을 마련했다고 해요. 그러고는 숯 장사를 합니다. 나무를 태워서 숯을 만든 다음 한양으로 가져가서 팔았어요. 가평에서 서울까지 거리가 자그마치 80킬로미터입니다. 왕복 160킬로미터를 걸어 다녔던 거예요.

이쯤 되면 보통 자신의 처지를 비관할 겁니다. 열심히 공부해서 대학에 들어갔는데 쫓겨나고, 벼슬길은 아예 막혔고, 숯을 팔아 겨우 먹고사는 생활이었잖아요. 꼬일 대로 꼬인 인생이라고 해도 과언이 아니었어요. 하지만 김육의 눈에 들어온 건 자신의 처지가 아니었어요. 그보다 더 비참한 백성들의 처지였어요. 매일 한양을 오가면서 봤던 거예요. 굶어 죽은 시신이 거리에 널려 있는 걸 보면서 김육에게는 좌우명이 하나 생깁니다. '애물제인愛物濟人' 만물을 사랑하여 사람을 구제하자는 뜻입니다. 공납 문제에 관심을 가진 것도 이 시기였어요.

직접 노동하고 세금을 내면서 제도의 모순을 절실하게 느낀 것이죠.

◇ ◆ ❖

잠곡에서 10여 년의 시간을 보낸 뒤에 김육에게 기회가 찾아옵니다. 인조반정이 일어나 세상이 바뀐 거죠. 광해군 때는 블랙리스트였던 김육에게 곧바로 관직 제의가 옵니다. 관직 생활을 하는 내내 김육의 주 관심사는 공납 문제를 해결하는 것이었습니다. 그런데 관직이 낮아서 그럴 만한 힘이 없었어요. 문제 해결에 나서기 위해서는 고위 공무원이 되는 수밖에 없었습니다. 결국 과거 시험을 또 봅니다. 결과는 장원이었어요. 그럴 수밖에 없는 게, 최종 시험에는 현실 문제에 대책을 논하라는 문제가 나오거든요. 김육이 쓴 답은 책만 달달 외운 사람들의 답과 차원이 달랐을 거예요.

이제 뭔가 좀 되려나 보다 싶은 그때 또다시 전쟁이 터집니다. 호란이 일어나요. 얼마나 파란만장한 인생입니까. 10대에 전쟁, 20대에 투쟁, 30대에 귀농, 40대에 다시 전쟁. 김육이 제대로 정치 생활을 시작한 건 50대가 되어서예요. 전쟁이 끝나고 정세가 안정되기 시작하자 바로 대동법 이야기를 꺼냅니다. 제대로 된 땅 한 뙈기 없는 백성들이 자신에게 부과된 특산물을 준비하기 위해 얼마나 고생하는지 알리고 그 대안으로 대동법을 주장했습니다. 경기도에서만 시행되던 대동법을 전국으로 확산시키는 게 김육의 목표가 돼요.

기득권의 반대도 반대지만, 김육의 주장은 먹히기 어려운 것이었어요. 어쨌거나 대동법 시행을 허락한 건 광해군이에요. 인조는 그걸 이어가고 싶지 않을 거예요. 정권이 바뀌면 이전 정부의 성과는 지우려고 애쓰잖아요. 반정으로 탄생한 조정이니 그런 경향이 더욱 심하겠죠. 김육도 광해군이 미울 거예요. 자기 인생을 망친 사람이나 마찬가지니까요. 그럼에도 김육은 대동법은 큰 의미가 있다고 생각했습니다. 오로지 백성만 봤던 겁니다. 백성에게 도움이 되느냐 아니냐, 이것만 기준으로 삼았어요.

김육은 대동법에 인생을 걸었습니다. 대동법 확대 시행을 끊임없이, 정말 끊임없이 주장했어요. 반대로 양반들은 대동법이 확산되지 못하도록 열을 올렸죠. 전세는 토지 1결당 쌀 4~6두를 내는데, 대동법은 1결당 12두를 부과했어요. 땅을 가진 사람 입장에서는 전세의 두세 배나 되는 부담을 추가로 지는 거니까 세금 폭탄이라며 난리를 친 거죠. 그러면서 말도 안 되는 이야기를 합니다. 백성들이 대동법을 불편해한대요. 요즘 정치인들도 그러죠. 정책을 얘기할 때 국민을 들먹이면서 이건 안 된다, 저건 안 된다 그래요. 실은 자기들 이익을 챙기려고 그러는 것인데 국민 핑계를 댑니다. 김육은 이런 관리들에게 버럭 화를 내요. "대동법을 불편하게 여기는 사람은 오직 모리배들뿐입니다!" 하고 직격탄을 날리기도 합니다.

하지만 매번 논쟁을 해도 대동법 확산의 길은 멀기만 했습니다. 인조가 사망하고 70세의 나이가 된 김육은 새로 즉위한 왕 효종에게 사직 상소를 올립니다. 효종은 업무 능력이 뛰어난 김육을 붙잡았습니다. 결국 김육은 효종이 자신의 사직 상소를 일곱 번이나 물리치고 계속 벼슬을 내리자 조건을 내겁니다. 대동법을 확대 시행해주면 일을 하겠다고 한 거예요. 이렇게까지 나가니까 드디어 충청도에도 대동법이 시행됩니다.

호서대동법이 시행되고 김육이 어떤 말을 했는지가 기록에 남아 있습니다. 쉽게 말해 인터뷰 같은 건데요. 기분이 어떠냐고 묻는 말에 김육은 이렇게 답합니다. "나는 학문에 대해서는 잘 모른다. 그저 백성들에게 부과되는 세금이 줄어서 너무 기분이 좋다." 백성이 배고픈데 무슨 학문이 필요하냐는 거예요. 성리학이며 양명학이 무슨 소용인가, 백성이 잘살면 최고지. 이것이 바로 그의 사상이었습니다.

물론 이게 끝이 아닙니다. 호서대동법이 시행되자마자 이번에는 대동법을 전라도까지 확산시키기 위해 김육은 또 상소를 올리기 시작합니다. 대동법이 왜 시행되어야 하는지, 전라도가 왜 중요한지, 백성들은 어떻게 생각하는지…… 쭉 써서 올리는 거예요. 전라도가 최고의 곡창지대이지 않습니까? 전라도에서 대동법이 시행되면 게임 끝이거든요. 금방 전국으로 확산될 수 있어요. 그러나 양반들 입장에서는 경악스럽죠. 그 어마어마한 토지에 세금을 물린다고 생각해보세요. 이들이 완강하게 버티다 보니 또 시간은 흘러만 갔습니다.

70세에 사직 상소를 올렸던 김육은 79세에 유언 상소를 올립니다. 자기가 죽으면 대동법 시행이 취소될까 봐 너무 두렵다는 겁니다. 이제 병들어 곧 죽을 몸이 되었으니 호남에도 빨리 시행해달라고, 김육은 효종에게 마지막 간청을 합니다. 그리고 며칠 뒤에 세상을 떠납니다.

아픈 몸으로 한 글자, 한 글자를 써내려 가면서 과연 무슨 생각을 했을까요? 아마도 끝까지 백성을 걱정했을 겁니다. 김육은 평소 자신이 이루고자 했던 일, 바로 만물을 사랑하여 백성을 구제하는 일에 인생을 바쳤다고 해도 과언이 아닙니다. 애물제인이라는 목표가 있었기에 어떤 시련에도 흔들리지 않고, 굳건하고 꾸준하게 자신의 길을 걸었을 것입니다.

인생은 단 한 번 주어지는 것입니다. 그래서 인간은 더욱 해답에 목말라 있는지 모릅니다. 무엇을 위해 살아야 하는지, 어떻게 살아야 하는지 알기 위해 책을 읽고 조언을 듣고 때로는 직접 부딪쳐가면서 답을 구합니다. 저는 김육이 '한 번의 인생을 어떻게 살 것인가?'라는 질문에 자신의 일생으로 답했다고 생각합니다. 삶을 던진다는 것의 의미를 보여주는 분이죠.

다시 처음의 질문으로 돌아가 봅니다. '나에게는 삶을 던져 이루고 싶은 것이 있는가?'를 고민해보는 거예요. 그리고 '삶이 뭐 다 그렇지'라는 말 대신 '삶은 이런 거지'라는 말로 바꿔봤으면 합니다. 그런 귀중한 목표를 찾아가는 과정만으로도 우리의 하루는 이전보다 더욱 충만하게 채워질 테니까요.

바다 너머를
상상하는 힘

장보고

역사에 등장하는 인물은 대부분 지배층입니다. 근대 이후를 제외하면 죄다 왕이나 고위공직자, 아니면 장군들이죠. 정도전처럼 양반 가문이어도 어머니의 신분이 미천하면 주홍글씨가 새겨지는 신분제 사회였기 때문에 그럴 수밖에 없었어요. 천한 신분으로 태어나면 역사에 이름을 떨칠 기회조차 얻지 못했습니다. 그런데 평민임에도 고대 중국과 한국, 일본 역사서에 모두 이름을 올린 사람이 한 명 있어요. 조선도, 고려도 아니고 신라 시대 사람, 우리에게는 바다의 신 해상왕으로 유명한 장보고입니다.

통일신라는 골품제 사회였어요. 지배층은 성골과 진골, 6두품에서 1두품까지 여덟 개의 신분으로 나뉘어 있었습니다. 굉장히 견고한 질서라 관직에 있는 사람조차 차별을 받았어요. 6두품이면 아무리 일을 잘해도 어느 선 이상 승진이 안 되는 거예요. 제가 대표적인 6두품 학자 최치원의 후손인데요. 뛰어난 실력을 인정받았던 그분도 생전에는 6두품이라는 이유로 설움을 받았습니다. 너무하다 싶어 신라 말기에 개혁안을 내놓기도 하지만 받아들여지지 않아요.

이런 상황이니 평민들의 삶은 어땠겠어요? 그야말로 흙수저 중의 흙수저인 거죠. 장보고가 그런 사람이었습니다. 한중일 삼국의 역사서에 모두 등장할 정도로 이름을 떨쳤는데도 출생과 부모에 대한 기록은 없어요. 『삼국유사』에 출신이 미천했다는 기록이 있을 뿐입니다. 완도 근처에서 태어난 평민이었을 거라고 추측할 뿐이죠. 전라도의 바닷가에서 태어났다면 출신 지역으로 인한 차별도 심했을 거예요. 당시 신라는 수도인 경주, 즉 서라벌을 중심으로 돌아가는 나라였습니다. 서라벌에 살지 않는 것도 큰 단점이었던 거예요.

심지어 장보고는 이름조차 없던 사람입니다. 평민들은 성도 없고 이름도 정식으로 짓지 않았으니까요. 그냥 어린 시절부터 활을 잘 쏜다고 활보라고 불렸대요. 잘 먹는 사람을 먹보라고 하듯이 주변에서 그냥 그렇게 부른 거죠. 좀 더 자란 후에는 활 궁弓 자를 써서 궁복이라는 이름을 썼습니다.

그 시대에 신분이란 건 운명과도 같았습니다. 신분의 벽은 감히 뛰어넘을 수가 없는 것이었습니다. 장보고 같은 사람에게 관직은 말도 안 되죠. 농촌에서 태어나면 농사짓고, 어촌에서 태어나면 물고기를 잡으며 살아야 했던 겁니다. 이 시기 평민들은 절대로 꿈을 가져서는 안 됐어요. 왜? 백 퍼센트 이루어질 수 없기 때문입니다. 꿈을 갖는 순간 비극과 고통이 시작될 것이 불 보듯 뻔했어요. 그런데 다 자란 장보고는 그만 꿈을 갖게 됩니다. 그리고 그 꿈을 이루기 위해 바다를 건너 당나라로 갔어요.

장보고가 왜 바다를 건너기로 결심했는지는 알 수 없습니다. 아마 바닷가에서 태어났기 때문이 아닐까 싶어요. 어린 시절부터 푸른 바다를 보며 자랐잖아요. 등 뒤의 육지는 아무것도 할 수 없는 땅이에요. 어차피 이 땅에서 아무것도 할 수 없다면 눈앞의 바다를 건너가 보면 어떨까? 장보고는 그런 생각을 했을 것 같아요. 잘 아는 안전한 세계에서 주어진 대로 사는 것보다 조금 무섭지만 미지의 세계로 가보자. 저 바다 건너로 가면 내가 무언가 할 수 있을지도 모른다. 그러고는 당나라로 가는 배에 올랐을 겁니다.

당시 신라는 진골 귀족들이 왕위를 놓고 다투느라 바빴습니다. 사회는 혼란하고 경제는 어려운 게 당연한 결과겠죠. 그래서 난민이 많았어요. 더욱이 지방은 통제가 잘 안 되는 상황이었기 때문에 많은 사람이 몰래 배를 타고 당나라로 갔습니다. 장보고도 신라가 아닌 낯선 땅에서 인생 2막을 시작하게 됩니다.

당은 대제국으로 불리는 나라였습니다. 중원은 물론 서역까지 영토를 넓혀 실크로드를 통해 여러 나라와 교류했어요. 그런데 사방으로 땅을 넓히다 보니 중앙의 힘이 곳곳에 미치지 못했고, 여기저기서 반란이 일어났습니다. 결국 당나라는 병역제도를 모병제로 바꾸고 이민족 용병을 고용해 반란을 진압하려 합니다.

당나라로 건너간 장보고도 이 용병 모집 광고를 보고 외인부대에 들어갔습니다. 월급을 받는 군인이 된 거죠. 장보고라는 이름도 이때 정했어요. 월급을 받으려면 이름을 등록해야 하니까 말이에요. 보니까 주변에 장씨가 참 많은 거예요, 중국은 장삼이사라고 하잖아요. 그래서 성은 중국에서 가장 흔한 장씨로 정하고 활보를 한자로 바꾼 궁복이라는 이름에서 '복'

자를 따서 한자 이름을 만든 거예요.

군 생활이 잘 맞았는지 장보고는 승승장구합니다. 중국 역사서에 그 활약이 기록되어 있어요. 활을 쏘고 창을 휘두르며 싸우는 장보고의 모습을 마치 영웅처럼 묘사하고 있습니다. 연이어 큰 공을 세운 장보고는 병사들을 지휘하는 관직까지 얻어요. 가진 것 하나 없이 낯선 땅에 와서 외국인 용병으로 시작해 장교가 된 거니까 엄청나게 성공한 거죠. 아메리칸 드림에 버금가는 당나라 드림을 이룬 셈이에요. 하지만 반란군이 다 진압되자 장보고는 위기감을 느꼈습니다. 할 일이 없어진 거잖아요. 게다가 외국인이니 언제 해고될지 모른다는 생각이 들었을 겁니다.

고민하던 장보고는 어린 시절에 그랬듯이 또 푸른 바다를 바라봅니다. 당나라와 신라를 오가는 무역선들을 보고 실마리를 얻었는지 이번에는 장사를 시작해요. 국제 무역업을 합니다. 당나라에 오래 살았으니까 현지 사정에 빠삭하잖아요. 인맥도 많이 쌓았을 거고요. 장보고는 어디에 가야 물건을 싸게 살 수 있는지, 어느 곳에서 누구와 교역하고 어디에 팔아야 많은 이윤을 남길 수 있는지 알았습니다. 장사 수완도 좋아 점점 많은 돈을 벌게 되지요.

당시 중국 동해안에는 신라방이라는 마을이 있었어요. 당나라에 온 신라 사람이 하도 많으니까 코리아타운처럼 집단 거주 지역이 생긴 거죠. 신라방에는 신라원이라는 사찰도 있었습니다. 이민자들이 한인 교회를 중심으로 교류하듯이 신라 사람들도 절에서 정보를 나누고 친분을 쌓았습니다. 이 네트워크를 활용해야겠다고 생각한 장보고는 산둥반도의 적산에 법화원이라는 큰 절을 세웠습니다. 자연히 많은 사람이 이 절에 드나들게 되었어요. 예불을 드릴 때면 200~300명이 족히 모였고 신라어로 진행했을 정도였다고 합니다.

법화원을 통해 정보를 수집한 장보고는 어마어마한 돈을 벌었습니다. 중국에서도 이름이 날 정도로 재산이 많았다고 하니 거의 재벌이었던 거죠. 중국 적산에 가면 적산명신이라는 거대한 동상이 있어요. 앞면은 스님의 모습이고 뒷면은 장보고의 모습을 본떠 만든 것입니다. 이 적산명신은 앉은 채로 오른손을 펴서 아래를 살짝 누르는 듯한 모습이에요. 이 손이 파도를 잔잔하게 해준다고 합니다. 지금까지 중국 사람들은 적산명신을 재물을 관장하는 신이자 바다를 지키는 해신으로 생각합니다. 그 상징이 장보고니까 장보고가 얼마나 유명한 인물인지 알 수 있죠.

일본에서는 아예 장보고의 이름을 원래와 다른 한자로 써요. 보배 보寶 자에 높을 고高 자를 써요. 외국의 귀한 물건을 가져다주는 장보고를 아예 재물의 신으로 섬겼습니다. 적산 명신을 모시는 절도 있었습니다. 지금도 그 절에는 교토와 오사카의 상인들이 찾아와 장보고를 참배합니다. 그렇게 하면 돈을 잘 번다는 속설이 있다고 해요.

◇ ◆ ❖

군인으로서 능력도 입증하고, 장사를 통해 재력까지 얻은 장보고는 누구나 부러워할 만한 사람이 되었습니다. 벌어놓은 돈으로 여생을 편안하게 살아도 됐을 텐데 그는 안주보다 도전을 선택합니다. 바다를 건너 다시 신라에 가기로 결심했던 것이죠.

저는 장보고가 바다를 바라보며 꿈을 키웠을 거라는 생각이 들어요. 바다와 떼려야 뗄 수 없는 사람이거든요. 바다를 보며 살던 어린아이가 낯선 땅으로 향하고, 바다를 보며 고민하던 청년이 장사라는 길을 떠올렸던 거예요. 더 이상 바랄 것이 없을 만큼 큰 성공을 거두고 바다를 바라보니 이제는 다른 풍경이 눈에 들어왔어요. 해적들에게 끌려가 노예로 팔리는 신라 사람들이 보였던 거죠. 장보고에게 해적을 소탕해야겠다는 새로운 꿈이 생긴 겁니다.

신라로 돌아온 장보고는 서라벌로 가서 신라의 왕, 흥덕왕을 만납니다. 바닷가 마을에 살던 흙수저가 해외에서 출세해 금의환향한 거예요. 정말 한 편의 드라마를 보는 것 같죠? 장보고는 흥덕왕에게 이렇게 제안합니다. '나에게는 경제력도 있고 군사력도 있다. 나에게 권한을 준다면 해적들을 소탕해 보겠다.' 흥덕왕은 듣자마자 이를 허락했습니다. 장보고는 완도 앞바다에 청해진을 건설했어요. 청해진이 세워진 후로는 해적들이 난동을 일으켰다는 기록이 거의 없습니다.

장보고는 그야말로 바다를 장악했습니다. 강력한 병력이 있었고, 무역업으로 돈도 끊임없이 벌었습니다. 청해진 일대는 거의 장보고가 다스리는 왕국이라고 해도 과언이 아니었어요. 세력이 커지니 조정에도 영향력을 행사하기 시작했습니다. 돈도 있고 군사도 있어요. 그러면 다음에는 뭘 갖고 싶을까요? 장보고는 명예를 얻고 싶었을 겁니다. 신라는 아무리 돈이 많아도 신분이 바뀌지 않는 폐쇄적인 사회였지만, 자신의 배경을 바꿔보고 싶었을 거예요. 그때 기회가 찾아옵니다.

당시 신라는 왕위를 차지하기 위한 진골 귀족들의 다툼이 심한 상황이었습니다. 그 다툼에서 밀려난 김우징이라는 사람이 장보고를 찾아옵니다. 왕위에 오르고 싶은 자는 당연히 장보고에게 손을 내밀 수밖에 없어요. 강력한 경제력과 군사력을 가진 장보고가 밀어줘야 왕이 될 수 있을 테니까요. 두 사람은 일종의 거래를 합니다. 장보고가 김우징을 밀어주는 대신 김우징이 왕이 되면 장보고의 딸을 왕비로 맞을 것을 약속한 거죠.

혼란이 가득했던 왕실에서는 마침 반란이 일어났고, 장보고는 군사를 보내 그 반란을 진압합니다. 김우징이 왕위에 오르게 된 것이죠. 하지만 약속은 지켜지지 않습니다. 김우징은 금방 세상을 떠났고, 그 아들이 왕이 되었어요. 장보고는 새로운 왕에게 아버지가 한 약속을 대신 지키라고 요구했습니다. 그런데 신하들의 반대가 장난이 아니었어요. 중국과 일본에까지 이름을 떨치고 있는 세력가라 하더라도 신라의 진골들이 봤을 때는 그냥 평민입니다. 그런 미천한 집안의 딸을 왕비에 앉힐 수 없다고 한 거죠. 아비인 장보고의 심정이 어땠겠어요. 결혼도 못 하고 있는 딸을 보면서 속이 문드러지고 이가 갈렸겠죠.

『삼국사기』에는 장보고가 반란을 일으켰다고 나오지만, 장보고의 위협이 두려웠던 신라 조정에서 누명을 씌운 거라는 의견도 있습니다. 실제로 신라 조정에서는 염장이라는 자를 장보고에게 보내죠. 장보고는 염장을 알고 있었기에 별다른 의심을 하지 않았습니다. 하지만 염장은 술에 취해 잠든 장보고를 칼로 찔러 죽입니다. 염장을 지른다는 표현이 이 사건으로부터 유래되었다는 이야기가 있죠. 바다를 호령하던 해상왕은 이렇게 삶을 마쳤습니다.

한 사람의 성공 스토리만으로 다른 사람에게 똑같은 사고와 행동을 요구할 수는 없습니다. 장보고처럼 산다고 해도 장보고만큼 성공할 수 없을지도 몰라요. 하지만 저는 장보고의 성공 신화보다 그가 본 삶의 가능성에 초점을 맞추고 싶습니다. 당시 사람들은 자신의 신분을 운명으로 받아들였어요. 노비에게서 태어나면 노비로 살고 육두품이면 끝까지 육두품인 거예요. 그런데 장보고는 달랐어요. 어려서는 타고난 한계를 뛰어넘고자 바다를 건넜고, 나이가 들어서는 단단한 신분제 사회의 벽을 두드렸어요.

장보고는 자신의 굴레를 탈피하길 원했던 겁니다. 비록 완전히 벗어나지는 못했지만 그러한 시도를 했기 때문에 한중일 삼국에 이름을 남길 만큼 큰 인물이 될 수 있었죠. 저는 장보고가 스스로를 다른 사람과 비교하지 않는 사람이었기에 이런 일이 가능했다고 생각해요. 장보고는 다른 사람보다 부족한 단점을 메꾸려는 사람이 아니라 자신의 장점을 가장 효과적으로 발휘하는 방법을 찾는 사람이었습니다. 그는 자신의 최대 무기가 활쏘기라고 생각했고, 이를 내세워 한계를 돌파하는 기회를 마련했습니다.

삶의 가능성이라고 하면 굉장히 거대한 말 같지만 사실은 몹시 연약한 말이기도 해요. 다른 사람의 가능성과 비교하면 상처 입기 쉽거든요. '저 사람에게는 있는데 나는 없네'라는 시각으로 보면 삶은 쉽게 초라해지고 가능성은 희박해집니다. 그래서 비교는 오로지 나 자신과만 해야 합니다. 어제의 나보다 오늘의 내가 더 낫기를, 또 오늘의 나보다 내일의 내가 더 나아지기를 바라는 거죠.

우리 모두의 앞에는 푸른 바다가 있다는 사실을 잊지 마세요. 누군가는 그저 바라만 보고 누군가는 기꺼이 그 바다를 건널 것입니다. 삶의 가능성은 언제나 존재합니다. 우리의 삶은 어떤 계기로든 변할 수 있어요. 그래서 저는 꼭 말하고 싶습니다. 삶의 모든 것이 이미 결정 나버린 것 같은 생각이 들어도 가능성을 불신하지 말라고. 그러니 우리 쫄지 맙시다. 이미 엉망이라면 바다에 발 한번 담근다고 무슨 일이 일어나겠어요. 그저 자신의 가능성을 믿고 한 걸음 내딛어보자고요. 어린 활보가 그랬듯이.

꿈은 명사가 아니라
동사여야 한다

박상진

여러분은 학창 시절의 꿈을 기억하시나요? 교사였을 때 저는 3월에 새 학기가 시작되면 학생들에게 꿈을 물어보곤 했습니다. 대개 "제 꿈은 변호사예요", "CEO예요", "공무원이에요" 하고 대답합니다. 그런데 이건 대부분 직업이잖아요. 대한민국 학생들에게 꿈은 곧 직업이에요. 직업 이름을 대지 않는 학생들의 꿈도 출세, 성공 이런 식입니다. 원하는 직업을 얻거나 성공한다고 해서 삶이 끝나는 것도 아닌데 딱 거기까지만 생각하고 있는 경우가 많아요.

이러니 정작 꿈을 이뤄도 더 이상 뭘 해야 할지 모릅니다. 그 순간 참 많이 흔들려요. 달성해야 할 목표가 사라지니 공허하기도 하고, 내가 원했던 삶이 이런 것이었나 하는 회의가 들기도 합니다. 성공했다는 사람들이 자신의 삶을 제대로 이끌어가지 못하고 도리어 망쳐버리는 모습을 우리는 종종 보게 됩니다. 이런 일이 생기는 까닭은 그들의 꿈이 '명사'였기 때문입니다. 무엇이 되느냐가 중요했을 뿐, 어떻게 사느냐에 대한 고민은 없었던 것이죠.

대한제국의 외교권을 일제에 넘겨준 을사오적 아시죠? 이완용, 이지용, 이근택, 박제순, 권중현. 이 다섯 사람에게는 매국노라는 사실 외에도 또 하나의 공통점이 있습니다. 모두 고관대작이었다는 점입니다. 각각 학부대신, 내부대신, 군부대신, 외부대신, 농상공부대신이었습니다. 오늘날로 말하면 교육부, 행정안전부, 국방부, 외교부, 농축산부와 산업통상자원부 장관이죠. 그리고 모두 법관 출신이었습니다. 그 시절에도 법조계는 권력으로 향하는 지름길이었나 봅니다. 모두 평리원 재판장 혹은 재판장 서리를 거쳤어요. 평리원은 지금의 대법원입니다. 그러니까 대법원장이거나 그와 비슷한 정도의 지위를 가졌던 사람들인 거예요.

을사오적 모두 집안도 좋고 머리도 좋은 그 시대 최고의 엘리트들이었습니다. 그렇게 뛰어난 사람들이었는데, 나라를 팔아먹는 데 앞장섰어요. 어떻게 될지 뻔히 알았으면서 어떻게 그럴 수 있었을까 하는 생각이 들어요. 그들이 을사늑약에 찬성하지 않았다면 우리나라 역사는 조금 달라졌을지도 모릅니다.

물론 법관 중에도 그들과 다른 사람이 있었습니다. 바로 독립운동가 박상진입니다. 우리나라는 2차 갑오개혁 때 재판소가 만들어졌어요. 그러면서 법관들도 양성했는데, 박상진도 법학을 공부하던 학생이었습니다. 머리가 좋았을 뿐만 아니라 부와 권력을 모두 지닌 이름난 가문 출신이었지요. 1910년에는 판사 시험에 합격합니다. 평양 법원으로 발령까지 받았는데, 사표를 던집니다. 우리나라가 국권을 상실했거든요.

1910년 8월 29일 경술국치로 일제강점기가 시작되자 일본은 조선의 엘리트들을 앞세워 식민 통치를 하려고 했습니다. 영향력이 있는 사람들이니 말만 잘 듣는다면 이들을 통해 조선 백성을 움직이는 게 효율적이었을 테니 말이죠. 박상진은 조선 최고의 엘리트였으니 당연히 회유 대상이었겠지요. 어느 정도 협조만 하면, 그냥 눈 질끈 감고 입 뻥긋하지 않으면 잘 먹고 잘살 수 있는 길이 열렸을 겁니다. 실제로 호의호식하는 사람들도 많았고요.

눈앞에 두 갈래의 길이 있는데 그 차이점이 확연하게 보인다면 누구나 망설일 겁니다. 탄탄대로와 가시밭길 중에서 가시밭길로 발걸음을 옮기기란 쉽지 않은 일이죠. 그렇지만 박상진은 그 길로 들어섰어요. 열심히 공부해서 원하는 직업을 얻었는데 포기한 것이죠. 그 이유가 참 감동적입니다. 일제강점기에 판사로 일한다면 누가 죄인으로 끌려올까요? 아마 불령선인들일 거예요. 불령선인이 뭐냐면 불온하고 불량한 조선 사람이라는 뜻이에요. 자기네 말을 따르지 않는 사람들이요. 그게 누구겠습니까? 일제에 저항하는 사람들이겠지요. 일본 입장에서는 죄인이지만, 조선 사람에게는 영웅인 사람들입니다. 판사가 되면 이런 사람들에게 징역과 사형을 선고해야 하는 거예요. 박상진은 그럴 수 없다고 생각합니다. 그리고 결심합니다. 이제 내가 앉을 자리는 판사의 자리가 아니라 판사의 맞은편, 바로 피고인석이라고 말이죠.

박상진이 판사를 꿈꾼 사람이라면 그런 판단을 내리지 못했을 거예요. 판사라는 꿈을 드디어 이룬 셈인데 그걸 내던지기가 얼마나 어려웠겠어요. 하지만 박상진의 꿈은 판사가 아니었어요. 그의 꿈은 명사가 아니었습니다. 법에 대해 아는 게 없어서 늘 당하고만 사는 평범한 이에게 도움을 주고, 정의가 살아 있음을 증명하는 사람이 되려고 판사가 된 것입니다. 이게 그의 꿈이었어요. 명사가 아닌 동사의 꿈이었지요. 그렇기 때문에 판사라는 직업이 중요한 게 아니었습니다. 사람들에게 도움을 주고 정의가 살아 있음을 증명하는 것이 진짜 꿈이었으니까요. 그 꿈을 향해 나아간 것뿐입니다.

판사를 포기한 박상진은 쌀가게를 열었습니다. 겉으로 보기에는 평범한 가게였지만, 사실은 독립군이 연락을 주고받는 곳이자 자금을 마련하는 장소였습니다.

1915년 박상진은 조선국권회복단을, 곧이어 대한광복회를 조직했습니다. 박상진은 비밀, 폭동, 암살, 명령 이 네 가지를 일제 타도의 행동 강령으로 삼습니다. 대한광복회 강령을 보면 만주에 학교를 세우고 독립군을 양성해서 무력으로 독립을 쟁취하려고 해요. 국내외에 비밀조직을 만들어서 일제의 통치기관을 폭파하고 일본의 주요 인사와 친일파를 사살하는 거지요.

이런 활동을 의열 투쟁이라고 합니다. 정의롭고 맹렬한 투쟁이라는 뜻이에요. 광복회의 독립군들은 만주와 국내 주요 도시에 조직망을 만들어 활동했습니다. 일본군을 크게 무찌른 청산리 전투로 유명한 김좌진도 그들 중 한 명입니다.

대한광복회 총사령으로 의열 투쟁에 앞장섰던 박상진은 결국 체포되었습니다. 그가 결심했던 대로 판사석이 아니라 피고인석에 서게 된 것이죠. 그리고 그 자리에서 사형을 선고받았고, 교수형에 처합니다. 불꽃 같은 인생을 살던 박상진은 그렇게 형장의 이슬로 사라졌습니다.

박상진은 떠났지만 대한광복회는 의열 투쟁의 본보기로 큰 자극이 되었고, 그 영향을 받은 수많은 청년이 독립을 위해 기꺼이 몸을 던졌습니다. 1919년에 조직된 의열단의 활약은 그야말로 대단했습니다. 동양척식주식회사에 폭탄을 던진 나석주를 비롯하여 조선총독부에 폭탄을 던진 김익상과 종로경찰서에 폭탄을 던진 김상옥, 일본에 가서 도쿄 궁성에 폭탄을 던진 김지섭도 모두 의열단 단원이었습니다.

의열 투쟁의 맥은 계속 이어져 1931년 김구는 한인애국단을 만들었습니다. 이봉창은 도쿄에서 일본 국왕이 타고 가는 마차에 폭탄을 던졌고, 윤봉길은 상하이 홍커우공원에서 열린 일왕 생일 기념행사에 폭탄을 던져 일본인 고위 관리 여럿에게 상해를 입혔습니다. 이후 김구를 중심으로 한 대한민국 임시정부는 한국광복군을 창설하기에 이르렀고, 1941년 일본이 태평양전쟁을 일으키자 일본에 선전포고를 합니다.

일제강점기 내내 목숨까지 바쳐가며 독립을 위해 애쓴 애국지사들이 있었기에 우리 민족은 독립이 이루어지리라는 열망을 품은 채 살 수 있었습니다. 태극기를 흔들며 대한 독립 만세를 외친 학생들이 있었고, 일제의 수탈에 소작 쟁의를 일으킨 농민들이 있었고, 독립을 하려면 지식과 실력을 쌓아야 한다며 민족실력양성운동을 펼친 교육자들이 있었고, 우리가 만든 물건을 쓰자며 물산장려운동을 실천한 시민들이 있었습니다. 이 모든 것이 우리 민족이 일제강점기에서 벗어나 광복을 맞이하는 힘이 되었습니다.

　시간이 흐르면서 사람들은 그들의 이름을 잊었습니다. 친일파의 후손은 계속해서 돈과 권력을 움켜쥔 채 떵떵거렸고, 박상진 의사의 후손은 가난 속에서 쓸쓸하게 살아야 했습니다. 1961년이 돼서야 선열유족이 굶주림과 추위에 시달린다는 사실이 언론을 통해 전해졌지요. 여전히 박상진이라는 이름은 유명하지 않지만, 그 삶을 전하는 책과 다큐멘터리, 뮤지컬이 나오면서 점점 더 많은 사람이 그분의 업적을 알아가고 있습니다.

　저는 학생들이 명사의 꿈을 꾸는 것이 결코 그들의 잘못이라고 생각하지 않습니다. 우리 사회가 그런 사회예요. 제가 어릴 적에 주위 어른들이 저한테 꿈을 물어보면 저는 없다고 대답했어요. 제 대답을 들은 어른들의 눈빛이 지금도 기억납니다. 걱정하는 눈빛, 실망하는 눈빛이었어요. 어린 나이에도 그 마음을 눈치챌 수 있었습니다.

그러던 어느 날 텔레비전에서 멋진 장면을 봤어요. 검은 옷을 입고 있는 사람이 근엄한 표정으로 나무망치를 땅땅땅 때리는 거예요. 어린 제 눈에는 굉장히 멋있어 보였습니다. 그래서 엄마한테 물어봤어요. 저 사람이 도대체 누구냐고요. 그랬더니 대법원장이래요. 그래서 그때부터는 누가 꿈을 물어보면 대법원장이라고 했어요. 대법원장이 뭘 하는지는 모르지만 그렇게 대답하니까 다들 너무 좋아하더라고요. 안심하고, 만족하셨어요.

학생들도 그랬을 거예요. 어릴 적부터 이렇게 학습이 된 거죠. 누구도 그다음은 질문하지 않아요. 대법원장이 되어서 뭘 하고 싶은지, 어떤 삶을 살고 싶은지 아무도 묻지 않습니다. 아이들에게 동사의 꿈을 물어봐야 하는데 명사의 꿈만 듣고 나면 그걸로 끝이에요. 그러니까 아이들도 거기까지만 생각을 하게 돼요. 그리고 자라면서 꿈을 잃어버립니다. 정체성을 확립하는 시기에 자신에 대해 깊게 고민해야 원하는 삶의 윤곽이 잡히는 법인데 모두 대학 입시라는 한 가지 목표를 향해

달리다 보니까 그럴 틈이 없는 거죠.

그런데 요즘 고등학생이 대학에 가려면요, 꿈이 없으면 안됩니다. 학생부 종합전형, 입학사정관 전형에 지원하려면 어릴 때부터 꿈을 정하고 그걸 위해 어떤 활동을 했는지 보여줘야 하거든요.

하지만 중고등학생 때는 꿈을 탐색하는 시기 아닌가요? 이미 꿈을 정해서 그와 관련된 활동을 하고 인생을 설계해나가기에는 일러요. 어른들도 그렇게 하지 못했잖아요. 그걸 학생들에게 강요하는 건 좀 가혹하다는 생각이 듭니다.

저는 스물일곱 살에 비로소 진짜 꿈이 생겼습니다. 그전까지 저는 무척 자신감이 없는 사람이었어요. 항상 제 단점만 생각하고 저보다 뛰어난 사람과 비교하기 바빴습니다. 자신감 없이 하루하루 '버티는' 삶을 살았습니다. 당연히 무슨 일을 해야 할지도 감이 안 잡혔어요. 심지어 이 땅에 왜 태어났을까 생각한 적도 있습니다. 공부도 1등은 아니었고, 얼굴이 잘생긴 것도 아니고, 집안이 좋은 것도 아니고, 운동이나 노래도 별로 못하고……. 무엇이든 잘하는 사람에 비하면 제가 너무 부족한 것만 같았죠.

선생님이 되고 나서 첫 수업 시간이었을 거예요. 저는 제 나름대로 열심히 수업을 했습니다. 수업이 끝나고 종이 울리니까 아이들이 웅성거리기 시작했어요. 참았던 수다를 터뜨리는 거죠.

교실 앞문을 열고 나가려는데 한 아이가 다른 아이에게 하는 말이 귀에 딱 들어왔어요. "우와, 이 선생님 진짜 잘 가르친다!" 이 말을 들은 순간, 저는 감격했습니다. 태어나서 처음으로 자신감이라는 걸 갖게 되었어요. '나도 잘하는 게 있나 보다' 생각했어요. 내가 가진 지식을 정리하고 전달하는 능력. 이것이 나의 장점이라는 걸 알게 되었습니다.

그때부터 저는 동사의 꿈을 꾸기 시작했습니다. 내가 가진 능력이 한 학생에게 도움이 되었다고 하니까, 이 능력으로 더 많은 사람에게 도움을 주는 사람이 되어야겠다고 결심한 거죠. 그 학생의 말 한마디가 제 인생을 바꿔놓은 셈입니다. 저는 지금도 어떤 이들의 칭찬보다 학생들의 말에 더 많은 힘을 얻어요. 제 강의가 도움이 되었다는 이야기를 들으면 정말 기분이 좋습니다. 다른 사람에게, 나아가 이 사회에 미약하게나마 보탬이 되는 것이 제 꿈이기 때문입니다.

살아가는 데 직업은 무척 중요합니다. 어떤 직업을 가질지 고민하는 만큼 무엇을 위해서 그 직업을 원하는지도 생각해봐야 해요. 도전도, 용기도 좋습니다. 그런데 대체 무엇을 위한 도전이고, 무엇을 위한 용기인지 알아야 합니다. 그 최종

종착지는 동사의 꿈이었으면 해요. 그렇지 않으면 자신의 삶에서 길을 잃기 십상입니다.

스스로 생각하지 않으면 주변에 휘둘리게 돼요. 우리는 주위 사람들과 끊임없이 관계를 맺으며 살아갑니다. 원하지 않아도 그럴 수밖에 없어요. 그러면서 진짜 내가 원하는 게 무엇인지도 모른 채 그저 좋아 보이는 것만 따라가지요. 자기 길을 모르니까요.

돈 많으면 행복하지요. 좋은 직업을 가져도 행복해요. 재주가 많은 것도 좋은 일입니다. 하지만 내 꿈을 이룰 때가 가장 좋습니다. 그리고 그보다 더 큰 행복도 있어요. 타인에게 도움을 줄 수 있을 때입니다. '아, 나도 누군가에게 도움이 되는 존재구나.' 내 존재가 가치 있다고 느낄 때야말로 무엇과도 비교할 수 없는 행복을 얻습니다. 인간은 관계를 통해서 존재하기 때문이죠.

꿈은 더 행복해지기 위해 꾸는 것입니다. 불행하고 싶은 사람은 없잖아요. 저는 사람들이 명사가 아닌 동사의 꿈을 꾸면 좋겠습니다. 이왕이면 다른 사람에게 도움을 줄 수 있으면 좋겠지요. 그 꿈에서 삶의 의미를 찾고 더 나은 세상을 만드는 데 기여하는 자신만의 자리를 발견하길 바랍니다. 그 힘이 우리를 앞으로 나아가게 하거든요.

동사의 꿈을 꾸는 사람이 많아지면 많아질수록 우리 사회는 더욱 건강해질 것입니다. 인생의 어느 순간에 와 있든 동사의 꿈이 없다면 이제 진짜 꿈에 대해 생각해볼 때입니다. 여러분의 꿈은 무엇입니까?

시대의 과제를
마주하는 자세

이회영

한국사를 공부하는 사람들에게 가장 어려운 부분이 뭐냐고
물으면 거의 대부분이 독립운동사라고 말합니다. 이름도 서
로 비슷한 단체가 엄청 많고, 각자의 방향과 방식으로 독립운
동을 펼치기 때문이죠. 흐름을 잡기도 어렵고 외울 것도 많아
서 가르치는 입장에서도 쉽지 않습니다. 그런데 저는 독립운
동 부분이 외울 것이 많아서 정말 다행이라고 생각합니다. 이
렇게 많은 단체가 다양한 방법으로 독립운동을 펼쳤다는 건

그만큼 많은 사람이 치열하게 독립을 위해 싸웠다는 뜻이잖아요. 자기 시대의 과제를 해결하기 위해서 일제강점기의 젊은이들이 얼마나 노력했는지 미루어 짐작할 수 있는 대목입니다.

우리 역사를 돌아보면 각 시대별로 해결해야 할 과제가 있어요. 이해하기 쉽게 먼저 시대를 좀 나누어보겠습니다. 한국사는 우선 전근대와 근현대로 나뉩니다. 전근대는 구석기부터 조선 후기까지, 근현대는 개항기 이후부터죠. 근현대는 다시 세 부분으로 나눌 수 있습니다. 1876년 강화도조약을 체결한 이후부터 1910년 경술국치 이전까지는 개항기고, 1910년 경술국치부터 1945년 광복 전까지는 일제강점기입니다. 그 이후가 현대고요. 각 시대만의 과제라는 건 당대의 많은 사람이 고민하고 해결하고자 했던 그 무엇입니다. 다른 말로 하면 그 시대 사람들의 꿈입니다.

개항기 사람들의 꿈은 무엇이었을까요? 바로 신분 해방이었습니다. 김득신의 「양반과 상민」이라는 그림은 신분제 사회의 모습을 상징적으로 보여줘요. 상민이 길을 가다가 양반을 만나면 땅에 얼굴이 닿을 것처럼 허리를 숙여 인사해야 했거든요. 제가 이 동작을 따라 해봤는데요, 굉장히 힘듭니다. 보통 사람은 그만큼 숙이지도 못할 거예요. 하지만 그림에 등장하는 상민의 자세는 아주 자연스럽습니다. 마치 유전적으로 타고난 것처럼 양반을 만나면 자연스레 그런 자세가 나오는 거예요.

그런데 양반을 만날 때마다 인사를 하기가 번거롭긴 했나 봐요. 아예 상민들이나 천민들만 다니는 길을 만들기도 했어요. 아직도 그 길의 흔적이 남아 있습니다. 어디냐 하면 서울 종로에 피맛골이라는 골목입니다. 양반들이 타는 말을 피해서 다니는 길이라 피맛골이라는 이름이 붙은 거죠.

개항기의 시대적 과제는 양반, 중인, 상민, 천민이라는 신분을 없애는 것이었어요. 그 과제를 위해 앞장섰던 사람들의 이야기를 우리가 배운 겁니다. 그들이 일으켰던 대표적인 사건이 갑신정변이고, 동학농민운동이고, 갑오·을미개혁이에요. 14개조 개혁정강과 폐정개혁안, 갑오개혁과 을미개혁의 개혁안들을 읽어보면 당시 사람들의 꿈과 희망이 담겨 있어요.

이후 신분제는 사라졌지만, 우리나라에 큰 시련이 닥쳤습니다. 주권을 잃은 것이죠. 일제강점기에는 식민지로부터의 해방이 우리 민족의 과제였습니다. 정말 많은 사람이 나라의 독립을 위해 평생을 바쳐 싸웠어요.

1910년 경술국치로 나라의 명이 다하자 압록강을 넘은 가족이 있습니다. 조선 땅에서 둘째가라면 서러운 명문가였던 삼한갑족, 우당 이회영 일가의 이야기입니다. 이회영은 오성과 한음으로 유명한 이항복의 직계 후손이었습니다. 삼한갑족이란 대대로 문벌이 높은 집안을 뜻하는 말입니다. 그런 만큼 이회영 일가 또한 부와 권력이 엄청났습니다. 몇 대에 걸쳐 풍족하게 쓸 수 있을 만큼 재산이 많았어요. 일제강점기에도 대우를 받으며 지낼 수 있었을 겁니다.

하지만 이회영 일가는 가족회의를 열어 한반도를 떠나기로 결정합니다. '대의가 있는 곳에서 죽을지언정 구차히 생명을 도모하지 않겠다'면서 결정을 내리죠. 국외에 독립운동기지를 건설하여 독립운동에 이바지하자고 말입니다. 그리고 급히 재산을 처분했습니다. 일본이 이 사실을 알면 방해할지도 모른다는 생각에 급매로 헐값에 내놓습니다. 명동 일대의 넓은 땅을 팔고 집과 물건들도 팔아버렸습니다. 그 돈을 지금 시세로 환산하면 무려 600억 원이 넘는다고 합니다. 어마어마한 재산이죠.

이회영을 포함한 여섯 형제와 그 식솔들은 만주 서간도로 가서 땅을 샀습니다. 그곳에 집을 짓고, 학교를 짓고, 인재를 양성하는 한편 독립투사들을 지원했지요. 또한 형제들이 모두 직접 독립운동에 참여했습니다. 온 가족이 독립운동가였던 거예요.

어마어마한 액수의 돈은 3년 만에 바닥이 나버렸습니다. 훗날 이회영의 가족이 쓴 기록에 따르면 가족들은 모두 배를 곯았다고 합니다. 강냉이죽도 마음껏 먹지 못했다고 해요. 그토록 잘나갔던 집안의 사람들이 왜 그런 고생을 사서 했던 것일까요? 꿈이 있기 때문에 그랬던 거예요. 식민지 해방의 꿈을 위해 추운 만주 땅에서 강냉이죽을 먹으며 버텼던 것입니다.

만주로 간 이회영은 동료들과 신흥학교를 설립했습니다. 그 유명한 신흥무관학교의 전신이죠. 신흥무관학교 출신 독립투사들은 1920년대 항일무장투쟁에 앞장섰습니다. 만주는 독립투쟁의 거점이었어요. 홍범도는 봉오동에서 일본군을 대패시켰고, 김좌진은 청산리 전투를 대승으로 이끌었습니다. 독립투쟁 사상 최대 규모의 승리였죠. 약이 오를 대로 오른 일본은 5만 명의 병력을 동원해서 독립군 토벌 작전을 펼칩니다. 이에 만주지역의 독립군 부대들은 대한독립군단이라는 이름으로 연합하지요.

교과서를 보면 이때 만주에서 활동했던 독립투쟁단체의 이름과 주요 활동 지역을 표시한 지도가 나옵니다. 한국독립군, 대한독립군, 서로군정서군, 북로군정서군, 조선혁명군…… 참 많죠? 게다가 이런 단체들의 이동 경로까지 나와요. 이쯤 오면 많은 학생이 공부를 포기합니다. 등장하는 인물도, 단체도 너무 많다 보니 외우기가 힘들죠. "선생님 저 안 할래요. 왜 이렇게 비슷한 단체가 많아요?" 하고 묻는 학생도 있습니다. 누가 뭘 결성하고, 어느 단체가 생겼다가 없어지고, 또 다른 단체랑 합치고…… 학생들에게는 정말 고난의 시작입니다.

그런데 만약 일제강점기에 외울 게 없다면 그 역사는 어떤 역사입니까? 고작 몇 개의 단체와 몇몇 사람의 이름만 존재한다면 말이죠. 그런 역사는 비겁의 역사입니다. 우리 후손에게 보여주기도 민망한 굴욕의 역사인 것이죠. 외우기 힘들 만큼 수많은 단체와 수많은 독립투사가 있기에 우리 근현대사는 살아 있는 것입니다. 생각을 바꾸면 이런 사실을 깨닫게 됩니다.

독립투쟁단체들의 이동 경로를 외우려고 하지 말고 한번 머릿속에 그려봅시다. 그들은 수천 킬로미터를 움직였습니다. 낮에 다녔을까요? 아닙니다. 일본군을 피하기 위해서 밤에 다녔을 거예요. 평지로 편하게 다녔을까요? 아닐 겁니다. 역시 일본군을 피하기 위해 험한 산을 행군했을 겁니다. 만주가 얼마나 추운 곳입니까? 그 추운 땅에서 칼바람을 맞으면서 다닌 그 길이 화살표로 그려져 있는 거예요. 우리는 그 화살표를 그냥 화살표로만 봐서는 안 됩니다. 그 안에 담겨 있는 그들의 발자국을 봐야 합니다. 그 속에 숨겨져 있는 건 그들의 꿈입니다. 그 시대 사람들의 꿈이에요. 다음 세대에게는 식민지 조국을 남겨주지 않겠노라는 결심을 품고 아무도 가보지 않은 길을 앞으로, 또 앞으로 나아갔던 것입니다.

이회영은 1932년 예순여섯의 나이에 상하이에서 붙잡혔습니다. 일흔이 다 된 적지 않은 나이에 모진 고문을 받다가 숨을 거두었지요. 마지막 순간까지 쉬지 않고 전 생애를 바쳐서 독립운동을 한 분입니다. 목적을 이루든 이루지 못하든 사명과 의무를 다하다가 죽는 것이 가치 있다고 믿었기 때문이죠.

독립투사들을 비롯하여 조국을 사랑하는 수많은 사람의 열망으로 우리나라는 광복의 날을 맞았습니다. 그러나 기쁨도 잠시, 이번에는 전쟁의 포화가 이 땅을 휩쓸어버립니다. 당시 한국은 세계에서 가난하기로 손꼽히는 나라였습니다. 외국에서 돈도 빌려주지 않았어요. 너무 못사는 나라였으니까요. 결국 한국 정부는 독일에 노동자들을 파견합니다. 그들의 임금을 담보로 돈을 빌리기 위해서였지요.

수많은 광부와 간호사가 독일로 갔습니다. 독일인은 들어가지 않는 지하 광산에 한국인 광부들이 들어갔어요. 그 깊고 뜨거운 땅속에서 광물을 채굴했습니다. 간호사들은 시신 닦는 일부터 했고요. 우리는 그들의 이야기를 알고 있습니다. 중동의 뙤약볕에서 일한 사람들의 이야기도 알고, 하루 12시간이 넘도록 미싱을 돌린 사람들의 이야기도 잘 알고 있습니다.

그 시대 사람들의 과제는 가난에서 벗어나는 것이었습니다. 허리띠를 졸라매고 악착같이 살았던 이유는 단 하나, 자식들에게 지긋지긋한 가난을 물려주지 않겠노라는 꿈이 있었기 때문입니다.

시대의 과제라는 키워드를 중심으로 하면 우리나라 근현대사는 이렇게 정리할 수 있습니다. 개항기에는 신분 해방을, 일제강점기에는 조국 해방을, 현대에는 빈곤 해방을 위해 노력했다고요. 다음 세대에 더 좋은 세상을 물려주겠다는 꿈을 꾸고 시대의 과제를 해결했던 그들 덕분에 우리는 정말 많은 선물을 받았습니다.

100년이 흘러 이제 우리나라에는 신분제가 없습니다. 식민지도 아닙니다. 절대 빈곤에서도 벗어났습니다. 그렇다면 우리 시대의 과제는 무엇일까요? 이제 우리는 무엇을 해결해야 할까요? 우리는 다음 세대를 위해 어떤 꿈을 꾸어야 할까요? 이제 우리 시대의 과제와 꿈을 이야기할 차례입니다.

우리 시대의 가장 큰 과제는 한반도 평화와 통일일 것입니다. 박정희정부 시절 통일의 기본 원칙을 처음으로 합의

한 7·4남북공동성명 발표 이후, 노태우정부의 남북기본합의서 발표로 평화통일을 지향하는 원칙이 확고해집니다. 이후 김대중정부의 6·15남북공동선언, 노무현정부의 10·4남북정상선언을 거치며 통일을 향한 움직임은 더욱 활발해졌지요. 2018년에는 무려 세 차례의 남북정상회담이 열리면서 얼어붙었던 남북 관계에 다시 봄바람이 불었습니다. 저는 그때 참 다행이라고 생각했어요. 진영의 논리를 떠나 누구나 한반도 평화와 통일을 시대의 과제로 받아들이고 있다는 생각이 들었거든요.

저는 이런 상상을 합니다. 우리 아이들이 서울역에 가서 프랑스 파리행 기차에 오르는 상상. 저는 그런 시대를 만들어주고 싶습니다. 물론 통일에는 비용도 많이 들고 당장은 손해를 입을 수도 있습니다. 개항기, 일제강점기, 전후시대에 살던 분들도 이런 생각을 했을 거예요. 시대의 과제를 해결하기 위해 나서면 내가 손해를 많이 보겠구나 했겠죠. 그럼에도 불구하고 다음 세대에 새로운 세상을 꼭 만들어주고 싶었던 것입니다. 그냥 손해 보는 게 아니라 목숨까지 바쳐가면서요.

빈부격차 문제를 해결하는 것 또한 우리 시대의 과제입니다. 절대 빈곤은 극복했지만, 이제 상대적 빈곤으로 인한 열등감과 좌절감이 국민을 불행하게 만들고 있습니다.

안전도 마찬가지입니다. '더 빨리', '더 많이'를 외치며 효율만 중시하다 보니 안전이 뒷전이 됐어요. 삼풍백화점 붕괴부터 세월호 참사까지 끔찍한 비극으로 온 국민이 슬픔에 잠겨야만 했습니다. 더 이상 이런 일이 반복되어서는 안 되겠죠. 우리 아이들이 안전한 환경에서 살 수 있는 사회를 만들어야 합니다.

그 외에도 환경 문제나 교육 문제 등 우리가 해결해야 할 과제는 도처에 산재해 있습니다. 우리는 스스로에게 물어봐야 합니다. "나는 어떻게 살아야 하는가?"라고 말입니다. 사실 이 질문은 어디에서나 들을 수 있는 질문이지요. 하지만 이 진부한 질문을 스스로에게 던지고 답을 찾는 사람은 많지 않습니다. 저는 누구든 이 질문을 손에 쥐고 살아야 한다고 생각합니다. 답을 찾지 못할지라도 계속 고민하며 살아야 한다고 생각해요.

편히 살 수 있는 신분을 버리고, 재산을 바치고, 인생을 내던지며 오로지 독립 하나만을 바라보았던 이회영은 30대 청춘의 나이에 스스로에게 이렇게 물었습니다. '한 번의 젊음을 어찌할 것인가?' 그는 죽음을 맞이한 순간에야 그 질문에 답을 할 수 있었습니다. 말이 아니라 예순여섯 해의 '일생'으로 답했던 것입니다.

우리는 모두 언젠가는 죽습니다. 한 번뿐인 인생, 한 번뿐인 젊음을 어떻게 살 것인지 고민하지 않는다면 역사라는 무대에서 어떤 역할을 할 수 있겠어요? 저는 늘 사람들에게 역사에 무임승차하지 말자고 이야기합니다. 우리가 앞선 시대의 사람들에게 선물을 받은 만큼 뒤이어 이 땅에서 살아갈 사람들을 위한 선물을 준비해주고 싶어요. 그리하여 훗날 눈을 감는 순간, 어떻게 살 것인가라는 질문에 일생으로 답할 수 있게 되기를 간절히 바랍니다.

불확실성의 시대에서 우리는 늘 불안해합니다.

이 시대는 어디로 가고 있는 것일까?

나는 어떻게 살아야 하는 걸까?

역사를 공부한 사람은 긍정적으로 답할 겁니다.

과거보다 현재가 나아졌듯이 미래는 더 밝을 거라고,

나보다 우리의 힘을 믿으며

서로 의지하며 살아가면 된다고 말이죠.

[4장]

인생의 답을 찾으려는 사람들에게

각자의 삶에는
자신만의 궤적이 필요하다

학생들을 가르치다 보니 10대들이 쓰는 말을 많이 접하게 됩니다. 최근 들었던 말 중에 인상 깊었던 말이 바로 '인싸'입니다. 무슨 뜻인가 했더니, 인사이더의 줄임말이라고 하더라고요. '아싸', 그러니까 아웃사이더와 반대로 무리에 잘 섞여 놀고 주변 사람들한테 인기도 좋은 사람이 인싸래요. 여기까지는 그러려니 하게 돼요. 사람 성향이 다 다르고, 그중에는 주목받는 사람도 있을 테니까요.

그런데 '인싸템'이라는 게 있답니다. 인싸템은 인싸가 되기 위해 필요한 아이템이라고 해요. 친구들 사이에서 유행하는 물건을 가지고 있으면 관심을 받는다는 거죠. 그 물건을 사야 인싸가 될 수 있다는 거예요. 실제로 많은 학생이 그런 이유로 물건을 구입합니다. 그걸 가지고 있다고 해서 바로 인기를 얻는 것은 아닐지라도 내가 속한 무리에서 뒤처지지는 않는다는 안도감을 느낄 수 있을 테니까요.

저는 그 얘기를 듣고 '아, 우리가 진짜 자본주의 한가운데서 살고 있구나'라는 생각을 했습니다. 자본주의가 요구하는 것은 크게 두 가지입니다. 비교와 소비. 쟤는 있는데 나는 없네? 다들 샀는데 난 안 샀네? 끊임없는 비교를 통해 소비하도록 만드는 거예요. 나의 소비로 인해 누군가가 또다시 비교하고 또 소비하겠지요. 이런 식으로 톱니바퀴처럼 맞물려 돌아가는 겁니다.

제가 학생이었을 때도 또래집단에서 유행하는 물건들은 있었습니다. 닉스 청바지 같은 것들이죠. 그보다 어릴 때는 조다쉬가 인기였습니다. 아마 각 세대별로 학창 시절에 유행했던 물건이 있을 거예요. 그러니까 이런 현상이 갑자기 생긴 것은 아닙니다. 다만 점점 더 심해질 뿐이지요. 아예 인싸템이라는 새로운 말이 생길 정도로 '소비해야 하는 물건'을 정해버리고 그것을 사도록 부추기는 현상은 자본주의사회가 만들어낸 문화입니다.

고가의 패딩이나 운동화를 갖고 싶어 하는 청소년들만 그런 것이 아닙니다. 성인도 똑같아요. 친한 친구는 이번에 외제차를 뽑았던데, 직장 동료는 집값이 엄청 올랐다던데, 이런 소식을 들으면 갑자기 한없이 작아지면서 괜한 박탈감이 몰려옵니다.

외모, 직업, 학벌…… 남과 비교할 수 있는 부분은 한두 가지가 아니에요. 자본주의가 그 모든 것을 돈으로 연결합니다. 더 예뻐져야 하니까 이 다이어트 식품을 구입하세요! 좋은 회사에 가고 싶으면 취업 컨설팅을 받아보세요! 고액과외를 받아야 성적이 올라갑니다! 그래서 많은 사람이 두 번 상처 받습니다. 비교로 상처 받고, 그걸 극복할 돈이 없다는 생각에 또 상처 받는 거죠.

누군가와 비교하는 순간부터 인생은 불행해지기 시작합니다. 내가 가진 게 많으면 남과 비교도 안 하고 자긍심이 생길 것 같지만, 그렇지 않습니다. 아무리 많이 가져도 나보다 많이 가진 사람을 보며 부족하다고 느끼는 게 인간입니다. 그러니 마음을 굳게 먹고 중심을 잘 잡고 있어야 비교하지 않고 흔들리지 않을 수 있어요.

이렇게 말은 하지만 저도 인간이다 보니 가끔은 흔들립니다. 나의 색깔과 내가 가야 할 방향을 정하고 굳건하게 가야지 다짐하다가도, 혹시 잘못 가고 있는 것은 아닌가 불안할 때가 있어요.

조선시대에 이원익이라는 인물이 있었는데요, 이 사람은 산에 있는 오두막에 살았습니다. 하루는 집에서 돗자리를 짜고 있는데 산지기가 웬 아이를 그의 집에 맡깁니다. 그러면서 아이에게는 너 여기에서 꼼짝 말고 있어라 하고, 집주인인 이원익에게는 아이를 놓치면 옥에 갇힐 것이라고 큰소리를 치고 가죠.

산지기가 떠나고 이원익은 아이에게 왜 잡혀 왔냐고 물어봤겠죠. 아이는 산에서 나무를 베다가 산지기에게 붙잡힌 거였어요. 그런데 그 사정이 무척 딱합니다. "저희 집이 너무 추워서 그랬어요. 어머니가 병들어 누워 계신데 집에 땔감이 하나도 없어요." 이렇게 이야기를 한 거예요. 여러 번의 전쟁을 겪은 뒤라 백성들의 삶도 피폐하던 때였습니다. 아이의 이야기를 들은 이원익은 "알았다. 집으로 돌아가거라" 합니다. 아이는 못 간다고 해요. 산지기 아저씨가 꼼짝 말고 있으라고 했으니 말이죠. 그러자 그는 이렇게 얘기합니다. "괜찮다. 가도 된다. 이 땅에서 제일 높은 사람이 임금님인데, 그다음이 나다.

그러니까 걱정하지 말고 가거라." 아이는 어안이 벙벙해져 집으로 돌아갑니다.

이튿날 산지기가 포졸을 데리고 와 맡긴 아이를 내놓으라고 횡포를 부립니다. 그때 가마를 멘 사람들이 옵니다. 베옷을 입고 돗자리를 짜던 오두막의 노인이 사실은 정승이었던 것이지요. 그의 말대로 임금 바로 다음 가는 높은 사람, 바로 영의정이었습니다.

이 이야기는 오리 이원익 선생의 유명한 일화입니다. 이원익은 스물두 살에 과거에 급제해서 명종, 선조, 광해군, 인조 네 임금 밑에서 무려 여섯 차례나 영의정을 지냈던 인물입니다. 한 번 되기도 힘든 영의정을 여섯 번이나 했다니 그 권세가 얼마나 대단했을까 싶지요? 그런데 그는 오두막에서 일반 백성들과 다름없이 살았습니다. 영의정은커녕 양반이 맞나 싶을 정도로 가난했어요.

당시 조선은 임진왜란과 병자호란이 연달아 일어나 나라가 초토화된 상황이었습니다. 일부를 제외하고는 비참한 생활을 할 수밖에 없었어요. 영의정이라면 당연히 그 '일부'에 속할 것 같은데 이원익은 오로지 나랏일만 고민했습니다. 성품이 대쪽 같아서 주변의 미움을 살 때도 있었고 귀양도 많이 갔지만, 그만큼 이익에 휘둘리지 않고 바른 정치에 힘을 쏟았어요.

백성들을 위해 대동법을 제안했고, 모함에 빠진 이순신을 구명하는 데 앞장서기도 했습니다.

기록에 의하면 이원익은 중국어도 무척 잘했습니다. 지위가 높지 않았던 시절에 중국에 외교사절로 가면 중국 관리들이 이원익에게만 이야기를 할 정도였다고 해요. 막상 이야기를 나누어야 할 더 높은 사람이 있는데도 중국어에 능한 사람과 대화해야 편하니까 그랬던 거죠. 이 또한 흔한 일이 아닙니다. 그 시대에는 양반들이 외국어를 공부하지 않았거든요. 통역은 역관들의 일이었어요. 중인 계급이나 하는 일로 취급됐습니다. 하지만 이원익은 나랏일에 도움이 된다면 상관없다고 생각한 것이죠.

키가 160센티미터도 채 안 될 정도로 무척 작은 데다가 집에서 공부만 하니 이렇다 할 인맥도 없었습니다. 사람을 사귈 시간에 글자 하나를 더 보겠다는 성격이었어요. 하지만 천재는 천재를 알아본다고 하잖아요. 류성룡 같은 사람은 이원익이 크게 될 것이라는 말을 종종 했다고 합니다. 게다가 서인이었던 율곡 이이가 동인 신참인 이원익을 사간원 정언正言이라는 요직에 발탁했으니, 당파를 뛰어넘어 밀어줄 만한 재목이었다는 뜻이지요.

그의 생활은 가난했을지언정 그는 초라하지 않았습니다. 끼

니 걱정을 해도, 중인들이 하는 일을 해도 스스로 부끄러움이
없던 분이에요. 역사적으로 이름을 남긴 인물 중에는 자기중
심을 잡고 살기 위해 노력하며 떳떳한 삶을 살아낸 분이 참 많
습니다.

◇ ◆ ❖

순천에 가면 팔마비八馬碑라는 비석이 있는데요, 고려시대
에 순천에서 일한 사또 최석의 공덕을 기리기 위해 만든 비석
입니다. 최석은 순천 사또로 부임해 개경에서 순천까지 내려
오게 됩니다. 당시에는 육지 교통수단이 말뿐이었으니까 말
을 타고 왔겠지요. 그런데 이 순천에는 나쁜 관행이 있었습니
다. 바로 전별금입니다. 전별금이 뭐냐 하면요, 예를 들어 팀
장이 회사를 그만두면 팀원들이 십시일반 모아서 돈을 챙겨
주는 거예요. 다행히 요즘에는 사라진 것 같은데 저는 예전에
그랬던 경험이 있어요. 고려시대에도 있었던 걸 보니 아주 오
래된 관행이었나 봅니다.

아무튼 당시 순천의 전별금은 바로 '말'이었습니다. 사또가
임기를 마치고 떠나면 말 여덟 마리를 줘야 합니다. 그때 말
한 마리의 가격은 지금 자동차 한 대 값과 같습니다. 그러니

엄청난 돈이지요. 사또 임기가 3년이니까 순천 사람들은 3년 마다 한 번씩 그 돈을 마련해야 했습니다. 게다가 관리가 사또 만 있는 건 아니잖아요. 사또는 말 여덟 마리, 사또 바로 아래 관리는 몇 마리, 그 아래는 또 몇 마리…… 이런 식으로 서열 에 따라 전별금이 정해져 있었습니다. 이걸 마련하는 일이 얼 마나 큰 고역이었겠습니까?

최석이 임기를 마치자 순천 사람들은 말 여덟 마리를 준비 해 바칩니다. 최석은 이 말들에 짐을 싣고 개경으로 떠났습니 다. 그런데 개경에 도착한 뒤에 순천으로 말을 돌려보내요. 심 지어 여덟 마리가 아니라 아홉 마리를 보냈습니다. 자신이 처 음 부임할 때 타고 왔던 말이 새끼를 낳았는데 이 말은 순천의 녹을 먹을 때 생겨난 것이므로 순천의 재산이라면서 그 말까 지 함께 돌려보낸 것입니다. 순천 사람들은 몹시 당황했어요. '어라? 이런 관리도 있네? 이거 정말 기념비적인 일이다!' 그 래서 최석 공덕비를 세우는데 그것이 바로 팔마비입니다. 팔 마비는 기록상 백성들이 세운 최초의 공덕비예요.

우리는 잘 모르지만, 조선시대에는 이 팔마비를 모르는 사 람이 없었습니다. 순천은 청렴의 도시로 불렸고, '순천' 하면 팔마, 그리고 최석을 떠올렸어요. 얼마나 유명했는가 하면, 당 시 지식인들이 모두 최석을 존경했고 특히 『지봉유설』을 집필

한 실학자 이수광은 최석의 열렬한 팬이었습니다. '최석은 대단한 인물이다, 우리 모두 최석을 보고 배우자' 하고 외치고 다닐 정도였어요.

이 팔마비 때문에 나중에는 웃지 못할 일이 생기기도 합니다. 사또가 부임하기도 전에 공덕비를 세우는 곳도 있었어요. 그중 한 곳이 안성이에요. 안성 하면 뭐가 떠오르세요? 제가 학생들에게 이렇게 물으면 라면 이름이 나올 때가 많은데, 예로부터 안성이라고 하면 무조건 유기였습니다. 유기는 몰라도 '안성맞춤'이라는 말은 들어보셨을 겁니다. 이 말도 사실은 유기 때문에 생겼어요. 당시 안성에는 장에서 팔기 위한 '장내기 유기', 주문을 받아 제작하는 '맞춤 유기'가 있었습니다. 당연히 맞춤 유기가 더 품질이 뛰어나고 값도 비쌌겠지요. 안성맞춤은 안성의 맞춤유기처럼 품질 좋은 물건을 뜻하는 말이었습니다. 지금은 딱 맞는다, 잘 어울린다는 의미로도 쓰이고요.

이렇게 새로운 말이 생겨날 만큼 안성 유기는 귀한 물건이었습니다. 그러니까 사또들이 안성에만 가면 유기로 한몫 챙기려고 혈안이 됐어요. 그 탐욕 때문에 안성 주민들은 죽어나갈 지경이었습니다. 결국 사람들이 머리를 맞대고 고민하다가 방법을 생각해냅니다. 만약에 최태성이라는 사또가 부임

한다 하면 '우리 최태성 사또는 하늘이 내린 분이고 무지 청렴하며 백성을 위하고……' 이런 내용의 공덕비를 미리 세우는 거예요. 새로 온 사또가 조금이라도 찔렸으면 하는 마음으로 선수를 치는 거지요.

오죽하면 그런 생각까지 했을까요? 지금 남아 있는 공덕비 중에는 사또가 자기 자랑하려고 스스로 세운 공덕비가 더 많아요. 그런 면에서 순천의 팔마비는 확실히 그 가치와 격이 다르다고 할 수 있습니다.

자기에게 주어진 시간을 '잘' 살아낸 인물들의 삶을 들여다보면 세부적으로는 다를지 몰라도 그 궤적은 같아요. 자기만의 중심을 가지고 있다는 것. 어떤 외풍에도 흔들리지 않고 꿋꿋하게 자신의 길을 걸어 나갔던 사람들이거든요.

저는 현대사회에도 여전히 이런 분위기가 남아 있다고 생각해요. 물질만능주의가 판을 치고 있지만, 예나 지금이나 돈이 많다고 해서 훌륭한 사람일 수는 없어요. 아무리 가진 게 많은 사람이라도 인격이 부족하고 그 사람만의 무언가가 없으면 진정한 인싸가 되지 못합니다. 손에 쥔 것이 없어지면 전부 사라질 인기고 인연인 것이죠.

오랜 시간 동안 존경받아 온 역사 속 인물들을 만나다 보면 자긍심이라는 게 무엇인지 알 수 있습니다. 우리는 아무나 만

나지 않잖아요. 역사가 증명한 사람들을 만나는 겁니다. 그 사람들이 살아온 삶의 궤적을 쫓아가다 보면 그들이 굉장히 단단한 중심을 갖고 삶을 살아냈다는 걸 느낄 겁니다. 어떤 외풍에도 흔들리지 않고 떳떳한 삶을 살기 위해 자신만의 길을 걸어나갔기 때문이죠. 과거의 사람들을 만나고, 그 사람들이 보낸 시간을 들여다보는 것이야말로 역사를 제대로 공부하는 방법입니다. 그 시간을 들여다보면서 내 앞에 놓인 시간을 어떻게 쓸지 생각하게 되니까요.

자아정체성이 확립되면 다른 사람으로 인해 쉽게 흔들리지 않습니다. 누가 뭐라 해도 내 존재를 긍정하고 내가 하는 일에 자긍심이 생겨요. 그렇게 생겨난 자긍심은 물질을 바탕으로 만들어진 자긍심과 달리 쉽게 무너지지 않습니다. 이것이야 말로 상처받지 않을 힘이자 요즘 세상을 살아가는 데 가장 필요한 힘이 아닐까 싶습니다.

역사의 흐름 속에서
현재를 바라본다면

최근 가장 주목받는 사회적 움직임 중 하나는 '미투운동' 일 것입니다. 여기서 미투는 '나도 피해자' 라는 뜻으로 사용되죠. 즉, 미투운동은 우리 사회에 성범죄가 얼마나 만연한지 알리는 캠페인입니다. 할리우드 내의 성폭력을 공론화시킨 이 캠페인은 빠르게 전 세계로 확산되었습니다. 우리나라도 예외는 아니었죠.

피해자들이 자신이 당한 일을 더 이상 숨기지 않겠다며 가해자를 고발하고 범죄 내용을 폭로하기 시작하자 사회적으로 파장이 컸습니다. 가해자가 한국 사회에서, 적어도 자신의 분야에서 권력을 가진 경우도 많았기 때문이죠. 하지만 이는 시작일 뿐이고, 여성들은 점점 더 목소리를 내기 시작했습니다. 부당하다고 느꼈지만 지금껏 말하지 않았던 문제들을 꺼낸 것이죠. 미투운동은 지금도 마른 숲의 불길처럼 거세게 번져 가고 있습니다.

이 운동으로 많은 사람이 여성을 대상으로 한 성범죄의 실체와 심각성을 눈으로 확인하게 되었습니다. 하지만 이 운동에 곱지 않은 시선을 보내는 사람도 있습니다. 일부 남성은 부당하게 모든 남성을 잠재적 가해자로 만들고 있다거나, 혹은 다른 목적이 있는 폭로가 분명하다며 미투운동을 폄하하기도 했죠.

제가 처음 미투운동을 접했을 때 가장 먼저 들었던 감정은 놀라움이었습니다. 그토록 많은 여성이 크고 작은 성범죄를 겪었다는 사실이 정말 충격적이었어요. 바바리맨을 본 적이 없거나 희롱이나 추행을 한 번도 당한 적이 없는 사람을 찾는 것이 오히려 어려울 정도라고 하니, 평소 여성이 느끼는 두려움은 제가 감히 상상할 수도 없는 것이었죠. 제가 몰랐던 여성들의 일상을 알고 나니 제가 얼마나 무관심했는지 반성하게 되고, 그동안의 행동을 돌아보고 점검하게 되더군요.

그런데 고백하자면, 운동을 지지한다고 하면서도 왠지 모르게 가끔 불편을 느낄 때가 있었습니다. 그래서 스스로에게 물어봤죠. '이 불편함의 이유는 뭘까?' 아니라고 생각했지만 저 역시도 너무나 긴 시간 동안 이 땅에 뿌리박힌 가부장적 사고방식에서 자유롭지 못했기 때문이었습니다.

'어우동'이라는 이름, 들어보셨나요? 영화나 드라마는 물론, 게임에서도 자주 등장하는 인물이니 이름은 익숙할 것 같아요. 그럼 어우동이라고 하면 어떤 그림이 생각나세요? 아마 머리에는 전모를 쓰고 화려한 한복을 입은 채 교태를 부리는 여성을 떠올리지 않을까 싶습니다. 어우동을 기생으로 알고 있는 사람이 많거든요. 그런데 사실 어우동은 양반집 규수였습니다. 지금으로 따지면 외교부와 다름없는 승문원의 지사였던 박윤창의 딸로 태어나 왕족인 이동이라는 사람과 혼인했지요. 이동은 세종대왕의 형인 효령대군의 손자입니다. 그런 사람과 혼인할 정도이니 아주 뼈대 있는 가문이었겠죠?

그러나 어우동의 결혼 생활은 순탄하지 않았습니다. 남편 이동은 기생에게 빠져 이혼을 원했어요. 심지어 아내가 바람났다고 모함할 정도였습니다. 당시 왕이었던 성종이 이동에게 어우동과 이혼하지 말라고 명하기까지 했지만 이동은 그

명령에 따르지 않았습니다. 그렇게 어우동은 남편에게 버림을 받습니다. 흔히 소박맞는다고 하죠. 혼인 상태이긴 하지만 사실은 과부나 다름없는 거예요.

얼마 지나지 않아 조정이 발칵 뒤집힐 만한 섹스 스캔들이 터집니다. 어우동이 무려 17명의 남자와 간통을 한 거예요. 『성종실록』에 기록된 바에 따르면 그중에는 병조판서, 대사헌 같은 고위급 관리도 있었어요. 지금으로 말하자면 국방부장관, 감사원장과 만난 거죠. 그 외에도 왕족과 양인, 노비까지 위아래 구분 없이 사랑을 나눴습니다.

이 사건이 조정에 보고되자 성종은 단단히 화가 났습니다. 성종이 어떤 왕이냐면, 말 그대로 '이룰 성成' 자가 어울리는 왕이에요. 조선의 시스템을 완성했거든요. 성리학의 나라를 꿈꿨던 성종은 나라를 다스리는 기준을 정리해 『경국대전』을 완성했습니다. 이 『경국대전』에 의해 조선이라는 나라가 돌아가게 만들었죠. 그런 사람이 이런 사건을 마주했으니 얼마나 열이 받았겠어요. 성리학의 나라가 되기 위해 법전까지 만들었는데 어떤 여인이 17명의 남성과 간통을 했다는 거예요.

당시 법에 따르면 유부녀의 간통에 가하는 형벌은 장 90대였습니다. 나이가 많은 사람은 곤장 5대만 맞아도 사망하는 일이 비일비재했으니 장 90대는 아주 엄벌에 처하는 것이었습니다. 그런데도 성종은 성에 안 찼어요. 이 타락한 여인을 제대로 벌줘야 하는데, 그 정도로는 충분하지 않다고 생각한 거예요. 간통죄로는 더 이상 큰 벌을 내릴 수가 없으니 성종은 패륜 등에 적용되는 강상죄를 명목으로 어우동에게 교수형을 내리라고 합니다. 결국 어우동은 교수형에 처해지죠.

그렇다면 어우동과 간통했던 남자들은 어떻게 되었을까요? 장 몇 대를 선고받았으나 돈을 내고 풀려나거나, 귀양 갔다가 풀려나거나, 그것도 아니면 무고로 인정되어 아무런 죗값도 치르지 않은 경우마저 있었습니다. 고위급 관리들은 모두 다시 등용되었고, 오히려 더 출세한 사람까지 있습니다. 최근까지 우리가 겪었던 현실과 다르지 않아 보이죠. 이런 일이 벌어지면 여성은 매장되는 반면 남성들은 어떻게든 면죄부를 받아요.

그렇다고 우리나라가 옛날부터 남존여비 사상이 강고했던 것은 아닙니다. 오히려 고려시대에는 가정 내의 남성과 여성의 지위가 평등했습니다. 충렬왕 때 박유라는 관리가 있었는데요, 당시 고려가 몽골과의 오랜 전쟁으로 남자들이 많이 죽어 여자에 비해 수가 적어지자 그가 해결책으로 첩제妾制의 수용을 건의합니다.

저는 이 주장이 조선 후기에 발의되었다면 채택됐을지도 모른다고 생각합니다. 이미 조선시대에 축첩이 횡행했었거든요. 자기 남편이 나가서 첩을 만들어 와도 본처는 반기를 들기 어려웠고, 오히려 질투가 칠거지악 중 하나라며 남편의 외도를 받아들이도록 강요했습니다.

그러나 고려시대는 달랐습니다. 이런 주장을 한 박유가 충렬왕과 함께 연등회에 참석했는데 박유를 발견한 한 노파가 박유를 향해 손가락질을 하며 외쳤습니다. "첩을 두자고 요청한 자가 저 늙은이다!" 그러자 근처에 있던 모든 여성이 박유를 질타했다고 전해집니다. 대신들도 부인의 심기를 거스르지 않으려고 감히 박유의 주장을 지지하지 못했다고 해요. 결국 이 주장은 안건으로 상정되지도 못합니다. 이처럼 고려시대에는 여성이 자신의 권리를 지키기 위해 의사를 표현하고 실제로 힘을 행사할 수도 있었어요. 우리나라 역사에도 여성이 남성과 같이 목소리를 낼 수 있었던 시기가 분명히 존재했다는 말입니다.

우리도 모르는 사이에 세계관을 형성하는 데 영향을 끼치는 정신적 유산들이 있습니다. 그것들을 우리는 전통이라 부르고 대부분 그것에 따르는 것을 긍정적으로 여기죠. 하지만 저는 그 전통이라는 것도 의심해볼 필요가 있다고 생각해요. 옛날부터 그랬으니까, 당연히 그래 왔으니까 하는 마음으로 그

기원을 낱낱이 가려본 적 없는 것들을 기꺼이 심판대에 올리고 과연 내가 따를 만한 생각인지를 살펴보는 거지요. 나에게 맞지 않는 생각이라는 판단이 들면 받아들이지 말고, 그 생각이 수정되는 데 힘을 보태면 됩니다.

고려시대에는 아들과 딸에게 똑같이 재산을 상속했고, 딸도 제사를 지냈어요. 요즘도 제사를 지낼 때 여자들은 절하지 말라고 하는 집이 있는데 말이죠. 그때는 과부의 재가가 문제로 취급되지도 않았습니다. 하지만 조선시대에는 어땠나요? 혼인한 첫날 남편이 죽어도, 어우동처럼 남편에게 소박을 맞아 과부나 다름없는데도 수절을 장려했지요. 물론 여성에게만 해당하는 이야기였습니다. '열녀'라는 이름으로 여성의 희생을 강요했던 것이지요.

과부의 재가를 법적으로 규제하는 재가금지법이 시행된 것도 성종 대입니다. 46명 대신 중 42명이 반대했음에도 제정되었지요. 이 법이 재가 자체를 막은 것은 아니에요. 다만 재혼해서 낳은 아들은 관리로 등용할 수 없다는 내용입니다. 즉 엄마의 입장에서 보면 내가 재혼을 하면 아이의 벼슬길이 나 때문에 막히는 거예요. 아예 자격이 박탈되는 겁니다. 엄마에게 너무나 가혹한 일이죠.

여성의 재가를 좋지 않게 보는 경향은 점점 심해져서 중종

대에는 거의 죄악시되었습니다. 그리고 병자호란이 일어나 북방에 끌려갔던 여성 중에 일부가 고향으로 돌아오자 남편들은 너 나 할 것 없이 상소를 올립니다. 상소의 중심 내용은 '이혼하게 해달라'는 것입니다. 지아비를 한 명만 섬겨야 하는 아내가 멀리 끌려가 정조를 잃고서는 죽지도 않고 돌아왔다는 거죠. 정말 기가 막힙니다.『인조실록』에 이 내용이 고스란히 기록되어 있어요.

15세기에 만들어진 재가금지법은 19세기에 가서야 봉건적 질서를 거부하는 동학농민운동에 의해 폐지를 요구받습니다. 동학농민운동에서는 개혁적인 구호를 많이 외쳤는데 찬찬히 살펴보면 세금제도를 철폐하라, 노비제도를 폐지하라와 함께 과부의 재혼을 허용하라는 구호가 있어요. 1477년에 제정된 법이 400년 넘도록 여성의 삶을 옭아매고 있었던 겁니다. 재혼하는 순간 자식 생각은 안 하고 자기 욕정만 채우는 못된 년으로 취급받았기 때문에 여성은 스스로를 검열하고, 자신의 삶을 선택할 수 있는 권리를 제한받아야 했습니다. 경제 활동이 자유로운 것도 아니었는데 남편 없이 자식을 키우며 생계까지 책임져야 하는 고통도 극심했죠. 과부의 재가 허용 요구는 400년 넘게 여성을 억압했던 악법 철폐를 위한 처절한 외침이었습니다.

이뿐만이 아니에요. 성종 대에 또 뭐가 만들어지냐면, 성종의 어머니 인수대비가 여성이 지켜야 할 규범을 담은『내훈』이라는 책을 냅니다. 조선시대 사대부집 여자들이 시집을 갈 때 달달 외워야 하는 책인데, 그 책 내용 중에 아주 놀랄 만한 내용이 있습니다. "만일 남편이 몹시 화를 낼 경우에는 기다렸다가 기분이 풀렸을 때 다시 간하며, 비록 OOO을 당한다 하여도 어찌 감히 원망하거나 한탄할 수 있겠는가? 남편의 직분은 마땅히 존중하여야 하며, 아내는 모름지기 나직이 낮추어야 하는 것이다"라는 부분이 있거든요. 이 OOO에 들어가는 말이 뭘까요? 놀라지 마세요, 바로 채찍질입니다. 제가 과장하는 것이 아니라 정확하게 '채찍질'이라고 나옵니다. 남편이 채찍질을 하더라도 아내는 원망하지 말라는 것이죠.

어우동 처형 방식과 재가금지법, 내훈…… 이들이 이야기하는 바는 모두 같습니다. 여성은 집안에 종속되어 남편을 떠받들며 가문의 자손을 낳는 존재고, 여자의 역할은 이것이 전부라는 것입니다. 성종 때 만들어진 이러한 사고방식은 시간이 흐르면 흐를수록 더욱 견고해집니다. 그전까지 어느 정도 유지되던 남성과 여성의 평등한 관계는 이때부터 힘을 잃기 시작하고 남성중심적 사고가 수백 년 동안 우리 생활을 지배해 왔습니다. 갑오개혁법에 의해 재가의 자유가 겨우 허용되었지만 광복이 찾아오고 1950년대가 될 때까지도 여성의 재가는 흔한 일이 아니었습니다.

◇ ◆ ❖

미투운동이 현대에 이르러 처음 등장한 것은 아닙니다. 100여 년 전에 이미 이런 분위기에 반기를 든 기념비적인 인물이 있었어요. 바로 나혜석입니다. 나혜석은 1896년 부유한 집안에서 태어났습니다. 천부적인 재능과 수려한 외모를 겸비했으며, 일본의 미술전문학교로 유학까지 다녀온 신여성이었지요.

어린 첩을 둔 아버지와 그런 아버지에게 아무 말도 못 하는 어머니를 보며 자란 나혜석은 남성과 여성이 평등하지 않은 사회에 일찍부터 반감을 가져 그림뿐 아니라 소설과 시를 통해 우리 사회에 여러 가지 문제를 제기했습니다. 명절은 여자에게 고단한 날이고 결혼은 여성을 억압하는 제도라는 것, 모성애는 임신하자마자 생기는 본능이 아닌데 사회가 학습을 종용하고 있다는 것, 여성 또한 개인의 성취 욕구를 가지고 있다는 것 등 그녀의 주장을 살펴보면 현대 여성들의 문제의식과 결을 같이한다는 것을 알 수 있습니다.

1920년 나혜석은 자신에게 끈질기게 구애해온 열 살 연상의 김우영이라는 외교관과 결혼을 합니다. 그는 한 번 결혼했다가 아내를 먼저 떠나보낸 인물로 어머니와 자식이 있는 사람이었습니다. 나혜석은 결혼을 약속하면서 지금 봐도 놀라운 네 가지의 결혼 조건을 내겁니다. 일생을 두고 지금과 같이 나를 사랑해줄 것, 그림 그리는 것을 방해하지 말 것, 시어머니와 전처의 딸과 함께 살지 않도록 할 것, 그리고 자신의 첫 번째 사랑이었던 최승구의 묘지에 비석을 세워줄 것. 김우영은 이 모든 조건을 받아들입니다. 그리고 신혼여행을 가서 최승구의 묘지에 비석을 세워줘요. 시대를 앞서가는 커플이 아니었나 싶어요.

해피엔딩일 것 같았던 이들의 사랑에 문제가 생긴 것은 부부가 함께 떠난 세계여행에서였습니다. 이 여행에서 나혜석은 최린이라는 남자를 만나게 됩니다. 1919년 3·1운동 때 나혜석은 여학생 운동을 주도한 혐의로 5개월간 투옥된 적이 있는데요, 최린은 이때 함께 투옥됐던 사람 중 한 명으로 그림에 조예가 깊은 사람이었습니다. 이에 분노한 김우영은 나혜석에게 이혼을 요구합니다.

그런데 여기서 짚고 넘어가야 할 점은 김우영에게도 이미 여자가 있었다는 사실입니다. 나혜석은 어떻게든 재결합하려고 노력했지만 김우영은 그렇지 않았어요. 결국 두 사람은 이혼하고 김우영은 다른 사람과 결혼합니다. 그런데 이 일이 신문기사로 보도되자 모든 질타는 나혜석에게만 쏟아졌습니다. 남편도 외도를 했고, 나혜석의 외도 상대였던 최린도 유부남이었지만 대중에게 손가락질받은 사람은 나혜석뿐이었어요.

어우동을 향한 질타와 나혜석에게 쏟아지는 비난은 다르지 않을 것입니다. 딴마음을 품었던 것도, 외도를 저지른 것도 다 같지만 누구는 여자이기 때문에 더 큰 지탄을 받고 누구는 남자라는 이유로 이해를 받았던 것이지요. 여성에게만 정조를 강요하는 사회의 이중성에 나혜석은 분노합니다.

그리고 놀라운 사실을 밝힙니다. 나혜석이 최린을 고발하면서 '내가 최린과 관계를 맺었던 것은 그가 나를 강간했기 때문이다'라고 밝혔어요. 오늘날 미투운동의 효시라고도 볼 수 있겠죠. 지금이라면 나혜석과 연대하는 위드유운동이 있었겠지만 당시에는 전혀 그렇지 않았어요. 여자들도 나혜석을 비난하던 시대였으니 남자들은 오죽했겠어요. 나혜석은 자신의 심정을 《삼천리三千里》에 「이혼고백서」라는 장문의 글로 발표합니다.

조선 남성 심사는 이상하외다.
자기는 정조관념이 없으면서 처에게나

일반 여성에게 정조를 요구하고

또 남의 정조를 빼앗으려고 합니다.

(중략)

조선의 남성들아, 그대들은 인형을 원하는가,

늙지도 않고 화내지도 않고

당신들이 원할 때만 안아주어도 항상 방긋방긋

웃기만 하는 인형 말이오.

나는 그대들의 노리개를 거부하오.

내 몸이 불꽃으로 타올라 한 줌 재가 될지언정

언젠가 먼 훗날 나의 피와 외침이 이 땅에 뿌려져

우리 후손 여성들은 좀 더 인간다운 삶을 살면서

내 이름을 기억할 것이리라.

그러니 소녀들이여 깨어나 내 뒤를 따라오라 일어나 힘을 발하라.

– 「이혼고백서」 중에서

이 같은 외침에도 불구하고 나혜석은 결국 조선시대에 만들어진 여성 억압의 파도 속에 묻힐 수밖에 없었습니다. 그녀가 남긴 수많은 작품과 업적은 잊히고 불륜을 저지른 여성으로 낙인찍혔지요. 결국 나혜석은 53세에 어느 시립요양병원에서 무연고자로 외롭고 쓸쓸하게 생을 마감합니다.

100년 전 나혜석의 외침 이후로 상황은 얼마나 달라졌을까요? 냉정하게 보면 크게 변한 게 없다고 생각합니다. 500년 동안 내려온 여성 억압의 기제는 아직도 일상에 만연하죠. 저를 포함해 일부 사람들이 여성 해방 운동을 편안하게 받아들이지 못한 이유도 적극적으로 연대하고 행동하는 여성의 모습이 지금까지 우리가 규정하고 강요한 여성의 모습과 다르기 때문입니다. 낯서니까 왠지 모르게 위협적으로 받아들이는 것이지요.

어떤 사람은 이런 움직임을 마치 돌발 행동처럼 유난스러운 것으로 여깁니다. 금방 꺼질 불로 보는 사람도 있지요. 하지만 저는 그렇게 생각하지 않아요. 역사적 맥락에서 살펴봐도 이는 자연스러운 흐름이라고 봅니다. 1934년 나혜석부터, 그보다 먼저 1894년 동학농민운동에서부터 계속되어온 외침이기 때문이죠. 느닷없이 주장하는 요구도 아닐뿐더러 지금 당장 면피만 하면 조용해질 문제도 아니라는 겁니다. 이제는 정말 달라져야 할 우리 시대의 과제인 거죠.

나혜석이 쓴 소설 「경희」에 이런 글이 나와요. "경희도 사람이다. 그다음에 여자다. 그러면 여자라는 것보다 먼저 사람이다." 이제는 나혜석의 외침대로 나혜석의 후손들이 인간다운 삶을 쟁취해야 하는 때가 온 것입니다.

▲ 나혜석, 「무희(캉캉)」, 1940, 국립현대미술관 소장 작품

역사를 공부하면 우리가 어느 방향으로 나아가고 있는지 맥락이 잡힙니다. 역사에서 인간의 자유는 늘 이기는 방향으로 가고 있어요. 이것이 바로 역사의 수레바퀴예요. 역사를 통해 우리는 사회의 변화를 이해할 수 있습니다. 역사의 수레바퀴 안에서 갑자기 튀어나오는 문제란 별로 없습니다. 받아들이기 어려운 변화의 움직임도 알고 보면 역사에서 그 문제의 뿌리를 찾을 수 있습니다. 그러면 좀 더 폭넓게 사회 문제를 이해하고 균형 잡힌 시각을 가질 수 있게 되죠. 이해의 폭이 넓어지는 순간, 문제의 핵심을 바라보고 해결하는 원동력을 얻게 될 것입니다. 그러면서 우리 사회가 또 한 발자국 나아갈 수 있는 것 아닐까요?

지금 나의 온도는
적정한가

　『조선왕조실록』은 조선의 임금이 왕위에 있는 동안 조정에서 일어난 일과 그 밖의 여러 사실을 정리한 기록입니다. 8명의 사관이 교대로 근무하면서 24시간 내내 임금의 곁을 지켰기 때문에 가능한 일이었죠. 그러다 보니 그 시대의 크고 작은 일이 모두 기록되었습니다. 우리가 지금 조선시대 역사를 이렇게 잘 알고 있는 것도, 다양한 사극 드라마와 영화를 즐기고 있는 것도 『조선왕조실록』 덕분이라고 해도 과언이 아닙니다.

그런데 조선 18대 왕 『현종실록』을 보면, 거의 대부분이 '예송'에 관한 이야기입니다. 얼마나 큰 갈등이었으면 현종에 관해서는 예송 말고 달리 거론할 게 없을 정도였겠습니까. 재위 기간 내내 이 논쟁에서 자유로울 수 없었어요.

현종 대에 일어난 논쟁이지만 원인을 찾아 거슬러 올라가면 인조부터 효종, 현종까지 3대에 걸친 이야기예요. 이 이야기는 현종의 할아버지 인조가 마흔세 살에 늦장가를 간 것에서 시작합니다. 중전이 사망했기 때문에 재혼을 한 거죠. 근데 색시가 너무 어렸어요. 겨우 열네 살이었습니다. 인조의 아들이자 뒤를 이어 왕이 된 효종보다도 다섯 살이나 어렸습니다. 이 어린 중전이 바로 장렬왕후입니다. 훗날 자의대비라고 불리게 되지요. 이렇게 어린 나이에 궁에 왔으니 자의대비가 얼마나 오래 살았겠어요. 여기에서 뜻밖의 문제가 생깁니다. 효종이 자의대비보다 먼저 죽었거든요. 아들이 죽은 셈이니까 자의대비도 상복을 입고 장례를 치러야 하는데, 다름 아닌 상복을 입는 기간이 조정의 논쟁거리가 되었습니다.

정해진 기간에 따라 상복을 입으면 되지 이게 왜 논쟁이 되냐고 생각할지도 모르겠어요. 이것을 이해하려면 붕당에 대해서 알아야 합니다. 간략하게 짚고 넘어가 보죠. 현대 정치에서 여당과 야당이 대립하듯 조선왕조 때는 붕당이라고 하여 학문과 정치사상에 따라 당파가 갈렸습니다.

붕당은 성리학을 기반으로 한 사림파가 집권을 하면서 시작되었습니다. 갈등의 씨앗은 바로 이조전랑 자리였어요. 이조전랑은 낮은 직급이었지만 삼사의 관원을 임명하는 자리였기 때문에 무척 중요했습니다. 삼사란 사헌부, 사간원, 홍문관을 말합니다. 사헌부는 관리들을 감사하는 관청이고, 사간원은 간쟁을 담당하는 관청이에요. 홍문관은 궁내 문서를 관리하는 국왕 자문 기구입니다. 세 군데 모두 왕을 비롯하여 관리들의 잘못된 언행을 감시하고 바로잡는 역할을 하는 곳이었습니다. 단연 중요한 관직이었지요. 게다가 재상들은 대개 이 자리를 거쳐 올라간 사람들이에요. 한마디로 이조전랑은 막강한 인사권을 가지고 있었던 겁니다. 그러니 이조전랑 자리를 놓고 싸우게 될 수밖에요.

결국 누구를 이조전랑으로 미느냐에 따라 사림파는 서인과 동인으로 나뉘었습니다. 이후 동인은 또 남인과 북인으로 나뉩니다. 현종의 할아버지인 인조는 인조반정을 일으켜 광해군을 쫓아내고 왕이 된 사람이기 때문에 인조 대에 와서 광해군을 지지하던 북인들은 세력을 잃어버립니다. 자, 그럼 이제 누가 남았을까요? 이제 서인과 남인이 남았죠. 바로 이들이 예송을 일으킨 두 세력입니다.

이제 다시 상복 문제로 돌아가 보죠. 예송은 예절에 관한 논란이라는 뜻으로 궁중 의례를 어떻게 지키느냐에 대한 싸움이었습니다. 서인은 효종이 둘째 아들이니까 당시 예법에 따라 1년 동안 상복을 입으면 된다고 주장합니다. 효종은 원래 인조의 장남이 아니었고, 따라서 당연히 세자도 아니었습니다. 인조의 장남은 소현세자였어요. 동생인 효종은 봉림대군이라고 불렸죠. 소현세자와 봉림대군은 병자호란 때 청나라에 끌려갔습니다. 소현세자는 청에서 접한 선진문물을 조선에 들여오려던 개혁적인 인물이었는데 그 때문에 인조에게 미움을 받아요. 인조는 병자호란으로 청나라에 무릎을 꿇었던 왕입니다. 얼마나 청나라를 싫어했겠어요. 결국 소현세자는 의문의 죽음을 맞이합니다. 심지어 인조가 던진 벼루에 맞아 시름시름 앓다가 죽었다는 이야기까지 전해져 내려올 정도입니다. 아무튼 서인들은 효종이 둘째 아들이라는 점에 초점을 맞추고 있어요.

반면 남인들은 이렇게 말합니다. 둘째 아들이긴 하지만 그래도 효종은 왕이니까 장남에 준해서 3년간 상복을 입어야 한다는 거예요. 어떻게 왕한테 사대부 예법을 적용하느냐는 거죠, 왕은 왕인데 말입니다.

현종은 상중이었기 때문에 이런 논쟁을 계속 두고 보기가 좀 부담스러웠던 것 같아요. 그래서 그냥 예법에 따르자고 합니다. 서인의 주장대로 상복을 1년만 입기로 한 거죠. 이게 1차 예송인 기해예송입니다.

그런데 15년 뒤에 효종의 부인인 인선왕후가 사망합니다. 자의대비는 이때도 살아 있었습니다. 며느리보다 어렸으니까요. 이번에도 같은 논쟁이 일어납니다. 며느리가 죽었는데 시어머니인 자의대비는 얼마 동안 상복을 입어야 하는가로 또다시 서인과 남인이 싸우기 시작한 거죠.

서인은 또 1차 예송처럼 예법에 따르자고 했겠죠. 『경국대전』에 따르면 맏며느리는 1년, 다른 며느리는 9개월이니까 자의대비는 9개월 동안 상복을 입어야 한다고 말합니다. 반면에 남인은 그래도 왕인데 장남 대우를 하는 것이 맞으니 맏며느리에 준하는 1년 상복을 입어야 한다고 주장합니다. 이때 현종이 좀 열을 받습니다. 2차 예송인 갑인예송이 시작된 거죠.

사실 현종은 1차 예송 때부터 이미 화가 나 있었을 거예요. 그걸 이때 터뜨린 것처럼 보여요. 생각해보세요. 서인들이 자꾸 사대부 예법을 들고 나오면서 아버지를 적장자가 아닌 사람으로 취급하니까 기분이 나쁠 수밖에 없잖아요. 이게 그냥 태어난 순서에 관한 문제가 아니에요. 정통성에 관한 문제인 겁니다. 아버지의 정통성이 위협당하면 본인의 정통성 역시 흔들리게 되죠. 예민한 문제일 수밖에 없어요.

현종은 결국 1차 예송 때와 달리 이번에는 남인의 손을 들어줍니다. 효종이 장자가 아니라는 이유를 계속해서 들먹이는 게 싫기도 했거니와 나는 새도 떨어뜨린다는 권위를 가진 우암 송시열과 그가 이끄는 서인들을 압박하려는 목적도 있었습니다. 그렇게 최종적으로 예송의 승자는 남인이 되었습니다. 놀라운 건 이게 끝이 아니라는 사실입니다.

2차 예송 직후 현종은 세상을 떠났습니다. 뒤이어 숙종이 열네 살의 어린 나이에 왕위에 올랐지요. 즉위한 숙종은 송시열의 제자에게 아버지의 행장을 짓는 일을 맡깁니다. 행장은 죽은 사람의 일대기를 적는 글인데 나중에 실록을 편찬할 때 자료가 되기 때문에 굉장히 중요한 글이었어요. 그런데 송시열의 제자가 현종에 관해 쓰려고 보니까 현종 대에 있었던 일의 대부분이 예송인 거예요. 예송에 대해 자세히 기록을 해야 하는데 그 와중에 송시열이 걸리는 겁니다. 송시열은 자신의 스승인데 어떻게 그가 잘못했다고 쓰겠어요. 그래서 적당히 쓰고 넘어갔습니다.

숙종은 행장을 보며 두루뭉술하게 표현된 부분을 하나하나 짚었어요. 그리고 명확하게 다시 써오라고 다그쳤죠. 제자는 입장이 무척 난처했을 것 같아요. 결국 수정을 거듭해 송시열의 이름이 언급되고 말았습니다. 그런데 그게 끝이 아니었어요. '송시열이 인용한 예법'이라는 구절을 숙종이 '송시열이 잘못 인용한 예법'으로 고쳤거든요. 제자는 자신과 송시열이 사제지간인데 이것은 제자 된 도리로 못 할 짓이다 하면서 상소를 올립니다. 그러자 숙종이 불같이 화를 내며 도성에서 쫓아내버려요. "어찌 스승과 제자 사이의 도리만 있고, 임금을 섬기는 도리는 없단 말인가!" 하면서 말이죠. 송시열은 당시 68세였는데 숙종의 할아버지 효종과 아버지 현종의 스승 역할도 했던 거물이었습니다. 그러나 숙종은 송시열과 담판을 벌이는 데 조금도 주저하지 않았어요. 지금으로 치면 중학교에 다녔을 나이인데 서슬이 시퍼렜습니다.

조선은 신권의 나라예요. 특히 조선 후기로 갈수록 왕권보다 신권이 강합니다. 갓 즉위한 애송이 왕이 송시열 같은 거물급 정치인의 잘잘못을 가리는 게 쉬운 일은 아니라는 거죠. 하지만 조선 역사상 가장 강력한 카리스마를 내뿜은 군주가 바로 숙종이거든요. 장희빈을 사랑한 로맨틱한 왕으로 기억하는 사람이 많지만 그건 드라마가 만들어낸 이미지입니다. 오히려 내막을 살펴보면 숙종이 인현왕후와 장희빈을 이용해 신하들을 좌지우지했지요. 즉위할 때부터 그 싹이 보였던 거예요.

숙종의 미움을 받은 송시열은 훗날 유배되고 결국 사약을 받아 죽습니다. 상복을 몇 년 입느냐는 문제가 참 오랜 시간 동안 조선의 조정을 시끄럽게 한 셈입니다. 서인과 남인은 당운을 걸고 정말 치열하게 싸웠습니다. 왜 그토록 치열했을까요? 여기에 그네들의 정체성 문제가 걸려 있었거든요.

조선은 성리학의 나라입니다. 성리학은 정통과 명분을 따지는 학문입니다. 양반, 중인, 상민, 천민은 저마다 자신의 위치와 분수에 맞게 살아야 해요. 그게 바로 본분이에요. 상민으로 태어나면 상민의 역할을 다하면 되는 겁니다. 양반은 마치 부모처럼 백성을 살피고, 대신 백성은 양반에게 충성하는 관계인 거예요. 성리학에서는 이런 사회를 이상적이라고 봅니다. 이 사상을 바탕으로 조선이 200년간 유지됐어요.

그런데 임진왜란과 병자호란이라는 큰 전쟁을 거치면서 나라의 기강이 무너졌습니다. 전쟁이 일어나자 백성을 챙겨야 할 양반들이 가장 먼저 도망쳤거든요. 창피한 일이었죠. 백성들에게 면이 안 섰을 거예요. 양반 스스로 성리학의 질서를 깨버린 거나 마찬가지잖아요. 그러니까 백성들 눈에 양반들이 얼마나 한심하고 우스워 보였겠어요. 우리를 보살펴줄 것처럼 하더니 백성이고 나라고 다 팽개치고 일등으로 도망을 갔네. 이렇게 생각할 거 아녜요? 상황이 상황이다 보니 예송은 무너져 내린 예법을 다시 자리매김할 수 있는 좋은 기회가 되었습니다. 예법이 이렇게 중요한 것이라는 사실을 강조하기 위해 예송이라는 문제를 확산시킨 거예요. 예송에는 이런 목적과 의도가 있었던 겁니다.

그로부터 약 350년이 흐른 지금, 예송을 바라보면 어떤 생각이 드나요? 백성들의 삶은 안중에도 없고 잘난 양반끼리 대단한 기 싸움을 벌였다는 생각이 들지 않나요. 그들 나름대로는 왕조의 정통성, 왕권과 신권, 양반의 정체성 등 무척이나 중요한 쟁점들이 포함된 문제였을 터지만 전쟁이 끝난 뒤 차마 눈 뜨고 볼 수 없을 만큼 비참해진 백성들의 삶을 돌보는 방안을 논하는 것이 먼저가 아니었을지, 아쉬움과 안타까움을 지울 수가 없습니다.

21세기를 사는 우리에게도 여러 논쟁거리가 있습니다. 어떤 논쟁은 엄청나게 뜨거워요. 입장이 다르고 생각이 다르고 이념이 다른 사람 사이에 살벌한 말들이 오가지요. 그런데 한번 생각해봐야 합니다. 그게 그만큼의 에너지를 쏟을 정도로 우선순위에 있는 일인지 말이죠. 과연 100년 뒤 우리의 후손이 이 대립을 꼭 필요한 과정이었다고 평가할 것인지, 혹시 우리가 예송을 싸늘하게 바라보듯 우리의 쟁점도 쓴웃음 짓게 만드는 문제는 아닌지 점검해볼 필요가 있습니다. 예송이 그랬던 것처럼 정말 중요한 것을 놓치고 있을 수도 있으니까요. 갈등은 당연한 것이고 뜨거움도 잘못된 것은 아니지만 우리의 뜨거움이 혹시 빗나간 열정은 아닌지 스스로에게 물어봐야 합니다.

인류 역사에서, 그리고 우리나라 역사에서 첨예한 대립과 갈등은 언제나 존재하는 일입니다. 제각기 다른 사람이 공존하기 위해서 꼭 거쳐야 할 과정인 경우도 있어요. 그러니 나의 이익, 내 집단의 이익을 위해 목소리를 높이세요. 문제를 제기하세요. 다만 내가 추구하는 방향이 과연 옳은지, 역사나 인류의 발전 방향과 맥을 같이하는지는 반드시 짚어봐야 합니다. 역사를 통해 문제를 객관적으로 바라보는 연습도 해야 하고요. 옳고 그름을 떠나 무조건 내가 속한 집단의 편에 서는 대신에 말입니다.

도처에 갈등 요인이 널려 있는 현대사회를 사는 우리에게는 당면한 문제에 나의 온도를 몇 도로 맞출 것인지 조절할 줄 아는 안목이 필요합니다. 서인과 남인의 이념 싸움처럼 허무한 싸움에 나의 열정을 쏟을 필요는 없습니다. 대신 나의 뜨거움이 많은 사람에게 자유와 행복을 선사하는 의미 있는 것이라면, 역사의 수레바퀴가 향하는 곳으로 힘을 더하는 일이라면 더욱 온도를 높여 뛰어야 하죠. 필요에 따라 더 차가워질 수도 반대로 더 뜨거워질 수도 있도록 의지의 온도를 조절할 수 있는 능력. 저는 이런 능력을 가질 수 있도록 도와주는 것이 역사라고 생각합니다.

시민이라는
말의 무게

한국사를 가르치다 보니 가끔 국가, 조국에 관한 질문을 받을 때가 있어요. '당신에게 대한민국이란 어떤 의미입니까?' 라는 질문을 받은 적이 있는데 솔직히 안절부절못하겠더라고요. 편치가 않았습니다. 혹여나 지나치게 국수주의적인 발언을 할지도 모른다는 불안감이 앞섰기 때문이죠. 그래도 의미가 없는 질문이라고 생각하지는 않았습니다. 다만 답변하기에 어쩐지 조심스럽고 어려운 애매한 상황이었죠. 그래서 역사 속 사람들에게 '대한민국'이라는 네 글자가 갖는 의미를 물어보았습니다.

「대한민국 헌법 전문」을 읽어본 적 있나요? 전문이란 헌법 조문 앞에 있는 공포문인데요, 헌법의 기본 원리를 담고 있는 글이라고 보면 됩니다. 이 글은 이렇게 시작합니다. "유구한 역사와 전통에 빛나는 우리 대한국민은 3·1운동으로 건립된 대한민국임시정부의 법통과 불의에 항거한 4·19민주이념을 계승하고……". 이 문장에서 무엇이 눈에 들어오나요? 저는 '3·1운동으로 건립된 대한민국임시정부 계승'이라는 말이 특히 눈에 띕니다. 이 말은 3·1운동의 결과로 대한민국임시정부가 건립되었고, 현재 대한민국이 1919년 4월 11일에 수립된 대한민국임시정부에 그 뿌리를 두고 있다는 말이죠. 대한민국, 즉 민주공화국의 역사는 이렇게 1919년 3월 1일부터 시작됩니다.

1919년 3월 1일, 광장에 학생들이 모여들었습니다. 이들은 거리에서 대한 독립 만세를 외쳤고, 일반 민중까지 여기에 가세하면서 인파는 점점 불어났습니다. 서울에서 시작된 만세운동은 삽시간에 전국으로 퍼져나갔죠. 시위가 지속된 두 달 동안 거리로 나온 사람은 200만 명에 가까운 것으로 추산하고 있습니다. 당시 인구의 10분의 1에 달하는 규모니 사실상 온

겨레가 들고일어난 항일독립운동이었어요. 남녀노소 할 것 없이, 이름도 알 수 없는 수많은 아무개가 독립을 부르짖었던 것이죠. 민民이 한자리에 모여 더 나은 세상을 위해 한목소리를 내는 광장의 역사가 시작된 날이었습니다.

3·1운동은 시대를 구분 짓는 중요한 역사적 사건입니다. 우리는 3·1운동으로 굉장한 성과를 얻었어요. 무엇이냐면 바로 '민주주의'입니다. 1919년 3월 1일 이전은 대한제국의 시대였습니다. 대한제국의 주권자는 누구일까요? 바로 황제입니다. 모든 권력은 황제로부터 나오는 것이죠. 그러나 1919년 3월 1일 이후는 다릅니다. 이때부터는 대한'민'국의 시대입니다. 말 그대로 민의 나라가 탄생한 것입니다.

제국의 시대에 사람들은 황제의 보살핌을 받는 백성이었습니다. 백성은 전적으로 수동적인 존재를 의미합니다. 하지만 1919년 3월 1일 우리는 나라의 독립을 위해 광장에 모여 자신의 목소리를 내는 시민을 만나게 됩니다. 모든 권력은 왕이 아닌 국민으로부터 나온다는 근대 혁명의 DNA를 장착한 능동적이고 주체적인 시민이 탄생한 것이죠. 반만년의 시간 동안 백성으로 살던 이들이 시민이 되었습니다. 3·1운동은 대한'제'국이 대한'민'국으로 바뀌고 '백성'이 '시민'으로 변화한 계기였습니다.

우리는 태어날 때부터 국민이었고, 시민이었기 때문에 이 단어가 갖는 힘을 잘 모릅니다. 평소에 공기의 중요성을 잘 느끼지 못하는 것처럼 말이죠. 그런데 나라가 없어진다면, 또 민주주의가 사라진다면 어떻게 될까요? 기본이라고 생각했던 권리조차 누리지 못하게 될 거예요. 말도 안 되는 폭력에 힘없이 당할 수밖에 없는 자신을 보게 될지도 모르죠. 관동대지진 때 많은 조선인이 학살됐는데도 이들을 지켜주는 이가 없었어요. 스탈린에 의해 강제 이주를 당할 때도 막을 방법이 없었습니다. 기차 화물칸에 짐짝처럼 빼곡하게 들어가 며칠을 이동해도 누구에게도 사정을 호소할 수 없었지요. 이 모든 게 나라가 없기 때문에 당한 설움입니다. 이것이 바로 식민지 조국을 가진 사람들이 겪었던 아픔입니다.

이 설움과 아픔을 끝내기 위해서 대한 독립 만세를 외쳤던 200만 선조들, 일본군의 총탄에 맨몸으로 맞서고, 그 과정에서 체포되고 고문당하고 목숨을 잃은 수많은 아무개가 만들어낸 대한민국에 대해 생각해본 적이 있나요? 그 시대 사람들에게 과연 국가란 어떤 의미였을까요? 그리고 지금 우리에게 대한민국은 또 어떤 의미인가요?

거족적인 항일운동이었지만 산발적 시위로 끝난 3·1운동 이후, 많은 사람이 체계적인 독립운동을 위해서 구심점이 되는 조직이 필요하다는 사실을 깨닫게 되었습니다. 1919년 4월 11일 항일 독립운동가들은 국호를 정하고 임시헌장을 제정한 뒤 대한민국임시정부를 세웠습니다. 임시정부의 위치는 외교활동에 유리한 상하이로 결정되었습니다. 당시 상하이의 프랑스 조계지는 중국의 국내법이 적용되지 않는 치외법권 지역이라 일제의 영향력이 비교적 덜 미쳤기 때문입니다. 현재 대한민국 정부는 이날 수립된 대한민국임시정부를 계승한 것입니다.

1920년대 임시정부 요원들의 생활은 가혹하리만치 어려웠습니다. 임시정부 건물의 월세를 내지 못해 소송을 당할 정도였으니 개개인의 삶은 오죽했을까요. 백범 김구 선생의 어머니는 새벽에 시장에 가서 중국인들이 배추를 다듬고 버린 겉잎을 주워 왔다고 합니다. 먹을 것이 하도 없으니까 질겨서 씹기도 힘든 배추 겉잎으로 김치를 담갔던 것입니다. 그만큼 가난한 삶이었지요.

어느 겨울날, 김구 선생의 아내였던 최준례 여사가 계단에서 발을 헛디뎌 허리를 다쳤습니다. 평소 건강이 좋지 않았는데 허리까지 다치니 회복이 쉽지 않았던 모양입니다. 가족들은 최준례 여사를 어떻게든 살리고자 병원에 입원시켰지만, 최준례 여사는 결국 세상을 떠나고 맙니다.

김구 선생의 가족이 최준례 여사의 무덤에서 찍은 사진이 있습니다. 묘비 뒤로 김구 선생과 모친이 서 있고, 아직은 죽음이 무엇인지 알지 못할 만큼 어린 두 아들은 어머니의 묘비 곁에 서서 사진 찍는 이를 바라봅니다. 비석 오른쪽에는 마치 암호 같은 문자들이 보입니다.

ㄹㄴㄴㄴ해 ㄷ달 ㅊㅈ날 남
대한민국 ㅂ해 ㄱ달 ㄱ날 죽음

이 문자를 해석하는 방법은 간단합니다. 기역부터 치읗까지 쭉 쓰고 그 아래 1부터 10까지 숫자를 달아보세요. 그렇게 하고 보면 'ㄹㄴㄴㄴ해'는 4222년입니다. 4222년은 단기이겠죠. 고조선은 기원전 2333년에 세워졌으니 단기 4222년은 1889년입니다. '대한민국 6해'라 함은 대한민국임시정부가 수립된 1919년으로부터 6년째 되는 해, 즉 1924년을 뜻합니다. 해석해보면 1889년 3월 19일에 나고 1924년 1월 1일에 죽었다는 뜻입니다.

저는 이 비문에서 이들의 의지를 느꼈습니다. 출생일은 단기로 표현했지만, 사망일은 단기를 사용하지 않았어요. 대한민국을 기준으로 해서 대한민국 6년으로 표기했습니다. 이들에게 대한민국은 이미 가슴 깊이 존재하고 있었던 겁니다. 우리는 고조선에서 출발했지만 이제 대한민국이라는 새로운 역사를 열고 그 나라에서 살고 있다는 사실을 분명히 알리려고 한 거예요. 반만년의 역사에서 새로운 시대의 대한민국을 선포한 것과 다름없습니다. 그들에게 조국은 간절한 염원이었습니다.

1919년 9월 1일 프랑스 파리로 한번 가볼까요? 파리로 전보 한 통이 날아옵니다. 수신인은 대한민국임시정부 파리 위원부, 발신인은 리첸코Licenko라는 사람이었습니다. 아무도 들어본 적이 없는 이름이었지요. 전보 내용은 불어로 되어 있었으나 읽기가 힘들었습니다. 알아보기조차 힘든 서툰 불어였거든요. 겨우겨우 번역을 해보았더니 다음과 같은 메시지였습니다.

SSS 무르만스크 701 68 30 9시 27분
우리 임시정부의 상황을 알려주시길 바랍니다.
러시아 북부의 임시정부와 러시아 북부에 있는 모든 세력 단체들,

우리는 무엇을 해야 할지 모르겠습니다.

노동자들은 애타게 기다리고 있습니다.

자유 한국 만세, 한국 독립 만세, 평화회의 만세! 만세! 만세!

내용을 보아하니 분명 도와달라는 신호 같습니다. 발신지 무르만스크Murmansk는 러시아의 항구도시입니다. 지도를 찾아보면 알겠지만, 한반도와 가까운 러시아 동쪽이 아니라 반대편인 서쪽, 그중에서도 가장 북쪽에 위치한 곳이에요. 바로 왼편에 핀란드가 있어요. 그야말로 대륙의 끝자락, 혹독한 추위가 내려앉은 땅이죠.

이렇게 멀고 먼 곳에 한국인이 있었습니다. 어떻게 여기까지 갔을까요? 일제의 탄압으로 땅을 잃고 집을 잃고 그저 먹고살기 위해 한반도를 떠나 만주에서, 연해주에서 떠돌던 사람들이 흐르고 흘러 무르만스크까지 간 것입니다. 장장 1만 킬로미터가 넘는 대장정 끝에 낯선 도시에 들어간 이들을 생각할 때마다 저는 가슴이 먹먹해집니다.

무르만스크에는 무려 500여 명의 한인 노동자가 일하고 있었습니다. 영국군 휘하에서 철도회사에 고용된 채 잡역에 동원되었던 것으로 보입니다. 제1차 세계대전이 끝날 무렵 영국과 미국이 무르만스크를 점령했거든요. 그런데 러시아에서

볼셰비키 혁명이 일어났습니다. 세계 최초의 사회주의 혁명이죠. 그 영향으로 철도회사는 문을 닫고 영국군은 무르만스크에서 철수하기로 합니다. 한인 노동자들은 갑자기 일자리를 잃게 되었지요. 게다가 혁명으로 인해 러시아의 상황은 무척 혼란스러웠을 거예요. 그래서 리첸코라는 외국인에게 부탁해 어설픈 불어로나마 파리 위원부에 전보를 친 겁니다.

파리 위원부는 대한민국임시정부가 프랑스 파리에 설치한 외교부서로 파리강화회의에 한국 문제를 호소하고 독립을 청원할 목적으로 만들어진 곳이었습니다. 전보를 접한 대한민국임시정부는 분주하게 움직입니다. 1919년 10월 12일 무르만스크를 떠나는 영국군들은 한인 노동자 200여 명을 산타엘레나호에 태워 영국 에든버러로 데려왔지요. 나머지 300여 명도 구출해내야 했으나 산타엘레나호는 무르만스크를 떠난 마지막 배가 되었습니다. 소비에트 혁명군이 무르만스크에 들어오면서 연락도 끊겨버리고 맙니다.

임시정부 요원들은 에든버러에 도착한 200여 명의 한국인을 프랑스로 데려가기 위해 영국 외무부와 교섭했습니다. 협상은 쉽지 않았습니다. 일본이 본국 송환을 강력하게 주장하고 있었기 때문입니다. 당시 영국은 일본과 동맹 관계였고 사실 이 노동자들의 법적 국적은 일본이었기 때문에 일본이 자국민을 데려가겠다는 것이 당연한 요청이었거든요. 영국도 일본의 요구를 무시할 수 없었죠.

하지만 우리 임시정부도 끈질기게 항의했습니다. 한인 노동자들은 연합군과 함께 철도공사를 한 파트너들이었다, 이들을 외면하지 말아 달라고 끊임없이 영국에 요청했습니다. 프랑스에는 이렇게 얘기했어요. 자유, 인권, 박애라는 기치를 내걸고 혁명한 나라에서 이들을 버린다면 그건 프랑스의 수치라고요. 간곡한 설득 끝에 파리 위원부는 30여 명을 프랑스로 데려 올 수 있었습니다. 나머지 170여 명은 안타깝게도 일본의 요구대로 중국 칭다오를 거쳐 인천으로 강제 귀환되었습니다.

프랑스에 온 30여 명의 한인 노동자에게 가장 시급한 것은 일자리였습니다. 파리 위원부는 프랑스 정부와 교섭하여 이들에게 일자리를 마련해주었고, 한인 노동자 30여 명은 파리 인근의 작은 마을 쉬프Suippes에 터를 잡습니다.

쉬프는 독일이 일곱 차례나 점령했던 도시입니다. 1차 대전 시기 최대 격전지 중 하나였기 때문에 폐허나 다름없는 상태였어요. 한인 노동자들은 이곳에서 전후 복구 사업에 종사하게 됩니다. 파괴된 철도를 복구하고 시신을 수습하는 등 온갖 궂은일을 담당했지요. 얼마나 성실하게 일을 했는지 몰라요.

프랑스 정부로부터 '노동헌신상'까지 받았을 정도입니다.

더욱 놀라운 사실은 이들의 체류증에 표시된 국적이 '코리아Coreen'였다는 점입니다. 당시 대한민국은 법적으로 지구상에 없는 나라였어요. 일본에 주권을 빼앗기고 식민지가 된 상황에서 그들이 한국인으로 기재될 수 있었던 것은 대한민국임시정부 파리 위원부의 활동 덕분이었습니다. 쉬프로 이주한 한인 노동자들이 자신들의 정체성을 잃지 않도록 갖은 노력을 다했던 것입니다.

쉬프의 한국인들은 유럽 최초의 한인 단체인 재법한국민회를 결성했습니다. 그토록 힘들게 돈을 벌면서도 월급을 받으면 4분의 1은 파리 위원부에 보냈습니다. 잃어버린 조국을 되찾겠다는 희망을 가진 채 조국의 독립에 일조하고자 했던 것이죠. 1920년 3월 1일이 되자 쉬프의 노동자들은 파리 위원부와 함께 3·1운동 1주년 기념식을 거행합니다. 그들은 눈물을 흘리며 대한민국 만세를 외쳤습니다.

대한민국임시정부는 '임시'였지만 엄연한 정부였습니다. 무르만스크에서 갈 곳을 잃은 한인 노동자들은 분명 대한민국임시정부를 인지했고, 또 의지했습니다. 대한민국임시정부는 그들을 구출하기 위해 나섰지요. 그들이 프랑스에 정착할 수 있도록 도왔으며, 한국 국적으로 체류 허가를 받을 수 있도록 애썼습니다. 우리 국민을 대표하여 다른 나라와 교섭하고 국민을 보호하는 역할을 한 것입니다. 그들은 식민지 국가의 백성이 아니라 대한민국 국민으로서 대한민국을 지켜내고자 했습니다.

다시 헌법에 관한 이야기를 해볼게요. 혹시 우리나라 헌법 제1조를 들어봤나요? 대한민국 헌법 제1조는 2항으로 구성되어 있는데요, 내용은 다음과 같습니다.

① 대한민국은 민주공화국이다.
② 대한민국의 주권은 국민에게 있고, 모든 권력은 국민으로부터 나온다.

얼핏 보면 간단한 두 문장이지만, 대한민국이라는 이름과 민주공화국이라는 체제를 수립하기까지 정말 많은 사람의 피와 땀, 눈물이 필요했습니다. 영화에서도 주인공이 '모든 권력은 국민으로부터 나온다'라는 문장을 결의에 찬 목소리로 외치는 장면을 종종 볼 수 있는데요, 이 문장이 나오기까지의 역사를 안다면 누구나 뜨거운 감정에 휩싸이게 될 것입니다. 그리고 자기 자신에게 질문을 던질 수 있죠. 과연 나는 나라의 주인으로서, 민주공화국의 시민으로서 그 역할을 제대로 하고 있는가?

제국에서 민국으로, 백성에서 시민으로의 변화를 이끌어냈던 사람들이 일제의 폭압에 항일운동으로 맞섰다면, 우리는 우리의 자유와 민주주의를 위협하는 여러 위험에 무엇으로 맞설 수 있을까요? 여러 형태가 있겠지만 무엇보다도 선거 참여겠죠. 시민의식이 다른 게 아닙니다. 불의에 저항하고 합리적인 사고를 추구하는 정신, 법과 도덕을 준수하며 민주주의를 지지하는 태도를 이릅니다. 될 대로 되라고 포기한다면, 권리만 찾고 의무는 나 몰라라 한다면, 어떤 방식으로도 정치에 참여하지 않는다면 과연 우리에게 시민의 자격이 있는 것일까요? 시민사회가 탄생한 지 100년. 이제 시민으로서 우리의 자세를 돌아볼 시간입니다.

오늘을 잘 살기 위해
필요한 것

　제가 가르치고 공부하는 과목이 역사다 보니 가끔 이런 오해를 받습니다. '고지식하고 미련할 것 같다.' 스스로도 아주 틀린 얘기는 아니라고 생각하지만, 이렇게 생각했던 사람들이 나중에 알고 보니 그렇지 않더라고 말해주는 것을 보면 저보다 '역사'라는 과목이 주는 편견에서 시작한 오해가 아닌가 싶습니다. 아무래도 급변하는 21세기에 굳이 옛날 일을 찾아서 공부하는 게 미련해 보이긴 하나 봐요. 토익이나 취업, 부동산처럼 당장 먹고사는 문제에 필요한 공부도 산더미같이 쌓여 있는데 고구려, 백제, 신라라니 어쩌면 당연한 생각일지도 모릅니다.

그런데 저는 다른 무엇보다 역사야말로 오늘 내가 잘살기 위해 필요한 것이라고 생각합니다. 역사는 나 자신을 공부하고, 나아가 타인을 공부하고, 그보다 더 나아가 세상을 공부하는 일이죠. 이 책에서 계속 얘기하는 것들도 결국은 모두 여기에 해당하는 이야기입니다.

어쩌면 나와 타인의 관계, 나와 세상의 관계를 잘 정립하는 것이 인생의 과제가 아닐까 하는 생각이 듭니다. 우리가 관계 속에서 살아가기 때문입니다. 누군가 말했듯이 혼자만 잘살면 무슨 재미겠어요. 좋은 관계가 주변에 많을수록 우리가 바라는 행복한 인생에 더 가까이 다가갈 수 있을 테니 말이죠. 그래서 많은 사람이 타인과 소통하고 함께하는 방법을 알기 위해, 시대의 흐름을 읽고 인생의 방향을 정하기 위해 역사를 배우는 게 아닌가 싶습니다. 저도 마찬가지고요.

초임 교사였을 때, 여느 교사가 그렇듯 저 또한 뜨거운 열정을 가지고 있었습니다. 사실 너무 뜨거워서 문제였죠. 그때 저는 아이들의 삶을 건강하게 바꿔놓겠다는 결심으로 교단에 섰어요. 특히 '문제아'로 불리는 아이들만큼은 사회에 나가서 사람답게 살 수 있도록 바로잡아 줄 테다, 이렇게 굳게 다짐 했습니다. 그래서 제 나름대로 아이들에게 많은 애정을 쏟았 습니다. 야단도 많이 쳤고요. 그런데 어떻게 해도 바뀌지 않는 학생이 한 명 있었어요. 너무 속상했죠. 결국 그 친구는 별다 른 변화 없이 학교를 졸업했어요. 구제 불능, 저 역시 그 녀석 을 그렇게 단정 짓고 말았죠.

그 후로 10년 정도 지났을 거예요. 어느 날 백화점에 갔는데 한 점원이 신나게 돗자리를 팔고 있더라고요. 꼭 시장처럼 아 주머니들이 몰려 있었습니다. 궁금해서 귀를 쫑긋하고 들어 봤더니 그럴 만도 하더라고요. 돗자리 파는 점원이 말을 엄청 잘하는 거예요. 심지어 돗자리가 필요하지 않았던 저도 어느 새 '이건 사야 해!'라는 생각이 충동적으로 들 만큼 홍보를 잘 하고 있었습니다. 그러다가 판매원의 얼굴을 봤는데, 소름이 돋았습니다. 바로 10년 전에 제가 구제 불능이라고 생각했던 그 학생이었거든요.

역사를 공부하고, 나이를 먹으며 많은 사람과 만나고 헤어 지면서 저는 제가 사람과 관계에 대해 꽤 많이 알고 있다고 생 각했습니다. 그런데 그 순간 저의 생각이 오만이고 건방이었 다는 것을 확인했습니다.

제가 그 아이를 만났을 때 그 아이는 이미 16년 동안 자신의 인생을 살아왔을 겁니다. 제가 아이를 알고 지낸 시간은 1년도 채 되지 않았습니다. 16년 동안 만들어온 인생을 고작 몇 개월 만난 제가 바꿔놓겠다고 생각한 것부터가 욕심이었더라고요. 내가 노력한 만큼 지금 당장 바뀌지 않는다고 포기할 것이 아니라 그 아이의 삶에 계속해서 좋은 자극을 주는 것, 그리고 그 자극이 5년 뒤, 10년 뒤, 20년 뒤에라도 그 아이의 삶에 도움이 될 수도 있다는 희망을 버리지 않고 기다리는 것이 저의 역할이라는 사실을 그제야 알았습니다. 그 아이가 받아들이지 않더라도 제가 변하지 않고 꾸준히 노력하는 모습을 보였더라면 참 좋았을 텐데 하는 후회가 밀려왔습니다. 열심히 땀 흘리며 돗자리를 팔고 있는 그 아이의 모습을 보면서 단정 짓지 말자, 교만해지지 말자고 깊이 반성했던 기억이 납니다.

신영복 선생님의 『감옥으로부터의 사색』을 읽으며 크게 감명받은 문구가 있습니다. 사람에 대한 평가는 관계로부터 시작된다는 것이었어요. 어떤 사람과 관계가 형성되지 않은 상태에서 그 사람에 대해 이러쿵저러쿵 이야기하면 안 된다는 거예요. 그게 무슨 말인지 그날 깨달았습니다. 역사를 공부할수록 그때의 경험이 더 생생해집니다. 어떤 사람을 그 사람의 일부만으로 평가해서는 안 되는 것이더라고요. 그의 인생 전체를 봐야 하는 거죠.

관계와 관련된 특별한 일이 하나 더 있습니다. 제가 인터넷 무료 강의를 시작한 지 10년쯤 되었을 때였는데요, 사실 이때까지만 해도 인터넷 강의로 사제 관계가 형성되지 않는다고 생각했습니다. 저는 카메라를 보고 이야기하고 학생들은 모니터로 보기만 하는 일방적인 수업 방식이었으니까요. 차가운 기계를 통해 누군가와 관계가 형성될 거라고는 전혀 상상하지 못했던 겁니다.

그런데 이 무렵 저에게 큰 위기가 닥쳤습니다. 제 강의에 의도와 무관하게 정치적 색깔이 입히고, 제가 아이들에게 잘못된 역사를 가르치는 것처럼 몰렸습니다. 워낙 반대쪽 힘이 세서 더 이상 강의를 할 수 없는 상황이 목전에 있었습니다. 그땐 정말 모든 것을 내려놓는 것밖에 방법이 없다고 생각했어요. 그런데 예상치 못한 곳에서 돌파구가 마련되었습니다. 한번도 만난 적 없는, 그래서 그 누구 하나 얼굴도 제대로 알지 못하는 사람들이 온라인뿐만 아니라 오프라인에서도 저를 옹호하며 구명 활동을 벌이고 있었습니다. 다름 아닌 제 인터넷 강의 수강생들이었습니다.

직접 얼굴을 보고 대화를 나누는 것이 아니라서 관계가 형성되지 않을 거라고 생각했던, 그래서 제가 소홀하게 여겼던 관계가 저를 지켜준 것입니다. 이들이 저를 열정적으로 보호

해준 덕분에 다시 강의를 하게 되었고, 지금까지 올 수 있었습니다. 서로 마주하지 않으면 소용없다고 생각한 제 생각이 완전히 틀렸던 거죠.

생각해보면 제가 역사를 통해 만나는 사람들 역시 면대면 관계를 맺는 것이 아니라 글을 통해, 자료를 통해 만나는 관계입니다. 그들과 끊임없이 대화를 하며 성장했다고 자부하면서 왜 그때는 온라인 관계를 그렇게 생각하지 못했는지, 그저 10년 전 이름 모를 수많은 제자에게 고마운 마음뿐입니다.

경주에 갈 일이 있다면 최부자댁에 방문하기를 권해드립니다. 최부자댁은 200여 년 동안 12대에 걸쳐 만석꾼의 지위를 유지한 집안입니다. 대단하죠. 부자는 3대를 못 간다고 하는데 무려 12대라니. 비결이 무엇일까요?

그 집에 들어서면 우선 지붕 아래 현판을 마주하게 됩니다. 그 현판에 무어라 쓰여 있냐면 '대우헌大愚軒'이라고 쓰여 있어요. 바로 '큰 바보가 사는 집'이라는 뜻입니다. 만석꾼 주인이 스스로를 큰 바보라고 지칭하다니 이게 무슨 말일까요? 이뿐만이 아니라 또 다른 현판엔 '둔차鈍次'. 즉 '재주가 둔하여

으뜸가지 못하고 버금감'이라고 쓰여 있습니다. 현판의 내용이 다 왜 이런 것인지…… 곰곰이 생각해봤습니다.

12대 동안 만석꾼 집이 유지될 수 있었던 배경은 현판에서 엿보이는 '겸손'을 생활화했기 때문이 아닐까 싶어요. 이 집 주인들은 아침에 일어나면 제일 먼저 현판을 마주했을 겁니다. 밤에 무슨 꿈을 꾸었더라도 아침에 이 현판의 글을 마주하면 다른 사람과의 관계에서 겸손한 자세를 유지할 수 있었겠죠. 매일매일 그 노력을 게을리하지 않기 위해서 현판에 글을 새긴 것 같습니다.

이 집에는 또 다른 부자의 비결이 숨어 있습니다. 가훈인데요, 그중에 하나가 '100리 안에 굶어 죽는 사람이 없도록 하라'는 것입니다. 100리면 40킬로미터 그러니까 당시 경주 전체나 마찬가지입니다. 이 구역에서 굶어 죽는 사람이 생긴다면 부자인 자신들의 책임이라는 것입니다. 얼마나 변변찮으면 부자 옆에 사는 사람들이 굶어 죽어 나가는 데도 챙기지를 못하느냐는 것이죠. 노블레스 오블리주의 본보기로 손색이 없습니다.

많은 돈을 자기 집뿐만 아니라 이웃을 위해 쓰는 데 아낌이 없었던 최부자댁의 진심은 주변 사람들에게도 전해졌습니다. 19세기 민란이 일어나서 가난한 자들이 부정한 부자들을 공격할 때 오히려 경주 최부자댁은 주변 이웃들의 보호를 받습니다. 진실한 마음에서 시작된 관계는 서로를 지켜주는 사이로 발전하기 마련이니까요.

초임 교사 시절에 가졌던 그 뜨거웠던 열정, 저는 아직 가지고 있습니다. 다만 그 열정의 모양이 좀 달라졌습니다. 이제는 누군가를 바꾸려는 태도는 없어졌고, 그저 제가 기대하지 않았던 사람들에게 구원받은 것처럼, 저 역시 누군가에게 그런 도움이 되었으면 하는 바람입니다. 나의 중심을 잡는 것만큼 주변 관계에 충실한 것이 얼마나 중요한지 깨달았기 때문입니다.

작은 관계라도 소홀히 하지 않고 내가 할 수 있는 최선을 다하고, 나눌 수 있는 도움을 주자고 매일 다짐합니다. 나를 힘들게 하는 사람만큼 나를 아껴주는 사람도 많다는 걸 알기 때문입니다. 그러다 보면 분명 나와 우리가 행복한 사회가 가까워질 거라 믿습니다. 70만 년의 역사를 돌아봐도 이 생각엔 변함이 없습니다. 인류는 분명 이전보다 더 많은 자유를 확보하며 전진하고 있습니다. 긴 호흡으로 역사를 바라보면 결국은 사람과 세상에 대해 낙관적인 시각을 갖게 됩니다.

역사는 흔한 오해와 달리 고리타분하거나 미련한 것이 아닙니다. 오히려 현시대의 맥을 짚는 데 가장 유용한 무기이자 세

상의 희망을 발견하는 데 도움이 되는 도구죠. 불확실성의 시대에서 우리는 늘 불안해합니다. 이 시대는 어디로 가고 있는 것일까? 그 속에서 나는 어떻게 살아야 할까? 역사를 공부한 사람은 이 질문에 긍정적으로 답할 것입니다. 과거보다 현재가 나아졌듯이 미래는 더 밝을 거라고, '나'보다 '우리'의 힘을 믿으며 서로 의지하며 살아가면 된다고. 역사를 통해 혼란속에서도 세상과 사람을 믿고 나아갈 수 있는 힘을 얻었기 때문입니다. 역사를 다시 공부하려는 사람들에게 저는 이렇게 말하고 싶습니다. 우리가 공부하는 건 역사지만 결국은 사람을, 인생을 공부하는 것이라고.

삶의 밑그림을 그려준
이들을 생각하며

아직 진행 중이지만, 제 인생도 하나의 역사가 될 것입니다. 역사는 수많은 아무개의 작은 시간들로 빚어낸 큰 시간의 덩어리니까요. 살아가야 할 시간이 더 남았겠지만 제 인생에도 몇 번의 '역사적 사건'이 있었습니다.

처음 EBS에서 역사를 가르치게 되었을 때의 일입니다. 그때는 제가 텔레비전에 나온다는 사실에 마냥 기뻤습니다. 왜 우리가 어려서 많이 불렀던 노래 있잖아요. '텔레비전에 내가 나왔으면 정말 좋겠네. 정말 좋겠네' 딱 그 노래 가사처럼, 딱히 방송에 나가고 싶었던 것도 아닌데 어려서부터 만들어진 로망인지 방송에 나간다니까 좋더라고요.

몇 번 수업을 하고 나니 학생들이 수강 후기도 보내왔습니다. 그때 받았던 수강 후기 중 하나인데 꽤 오래전이라 제 기억을 더듬어 소개해봅니다.

"선생님, 저는 사교육을 제대로 받기 어려운 시골 낙도에 살아요. 저도 대학에 가고 싶어요. 대도시에 사는 아이들처럼 사교육도 받고 싶지만 여러 형편이 안 돼요. 선생님이 도와주세요. 선생님만 믿고 따라가겠습니다."

머리를 제대로 얻어맞은 듯한 순간이었습니다. 텔레비전에 나왔다고 우쭐대던 제가 얼마나 초라해 보였는지……. 그 학생의 간절한 바람이 지금까지 제가 20년 넘게 무료 강의를 하도록 이끌었고, 앞으로도 계속해서 이어나갈 힘이 되어주고 있습니다. 그때 '내 강의는 돈이 없어서 어쩔 수 없이 듣는 무료 강의가 아니라 돈이 있어도 들을 수밖에 없는 무료 강의로 만들겠다'는 제 인생의 밑그림을 그리게 되었거든요.

그 길이 순탄하기만 했던 것은 아닙니다. 달리다 보니 힘들고, 흔들리는 순간도 있더군요. 그때마다 이회영 선생이 제게 남겨주신 '한 번의 인생, 어떻게 살 것인가'라는 말을 떠올립니다. 이 말을 가슴 깊이 새기고 저의 한 번뿐인 인생을 누군가에게 작은 도움을 주는 일들로 채워 제가 죽을 때 이 질문에 '일생'으로 답할 수 있기를 바라며 하루하루 성찰하며 살고 있습니다.

그러고 보면 제 인생은 과거 역사를 통해 만나는 사람들과, 현재 그러나 곧 역사가 될 시간에서 만나는 사람들에 의해 만들어지는 것 같습니다. 역사는 사람을 만나는 인문학이라고 말했는데 제 인생 역시 사람을 만나는 과정인가 봅니다. 저를 여기까지 성장시켜주신 저의 모든 '사람'들, 감사합니다. 그리고 이 책을 통해 새롭게 관계를 맺을 여러분과 함께 또 한번 건강한 성장을 할 수 있도록 노력하겠습니다. 저의 삶에 함께해주셔서 정말 감사합니다.

2019년 6월

최태성

자유롭고 떳떳한 삶을 위한 22가지 통찰

역사의 쓸모

초판 1쇄 인쇄 2019년 6월 14일
초판 44쇄 발행 2022년 8월 19일

지은이 최태성
펴낸이 김선식

경영총괄 김은영
콘텐츠사업4팀장 임소연 **콘텐츠사업4팀** 황정민, 옥다애
편집관리팀 조세현, 백설희 **저작권팀** 한승빈, 김재원, 이슬
마케팅본부장 권장규 **마케팅4팀** 박태준, 문서희
미디어홍보본부장 정명찬 **홍보팀** 안지혜, 김민정, 오수미, 송현석
뉴미디어팀 허지호, 박지수, 임유나, 송희진, 홍수경 **디자인파트** 김은지, 이소영
재무관리팀 하미선, 윤이경, 김재경, 안혜선, 이보람
인사총무팀 강미숙, 김혜진, 황호준 **제작관리팀** 박상민, 최완규, 이지우, 김소영, 김진경, 양지환
물류관리팀 김형기, 김선진, 한유현, 민주홍, 전태환, 전태연, 양문현, 최창우
외부스태프 구성 서주희 프로필사진 이창주(라이트하우스) 디자인 design co*kkiri
본문사진 셔터스톡, 강정임, 남양주시, 전라남도관광과, 국립현대미술관

펴낸곳 다산북스 **출판등록** 2005년 12월 23일 제313-2005-00277호
주소 경기도 파주시 회동길 490 다산북스 파주사옥 3층
전화 02-704-1724 **팩스** 02-703-2219 **이메일** dasanbooks@dasanbooks.com
홈페이지 www.dasanbooks.com **블로그** blog.naver.com/dasan_books
종이 (주)다산북스 **출력·제본** 갑우문화사

ⓒ 최태성, 2019
ISBN 979-11-306-2196-8(03900)